給孩子的臺灣妖怪故事（下）

稀奇古怪妖怪鬧翻天！
魔神與巨怪的奇異故事

臺北地方異聞工作室——著
格紋上的茶漬（莊予瀞）——繪

目錄

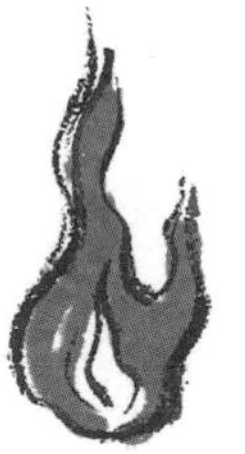

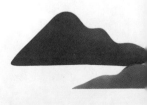

【序】

探索妖怪傳奇，留存故事的樂趣

虎姑婆、魔神仔、大鬼湖之主……祂們到底是誰？相信有你熟悉的，也有感到陌生的，這些令人畏懼的「神明、鬼怪、妖異」，或許不少人認為是迷信，甚至覺得是不科學、沒有意義的事。但事物的存在與否，向來不是衡量價值的唯一標準；這些流傳在臺灣的傳奇故事和民間信仰，背後留存了族群的歷史痕跡和過往社會的悠久記憶。不管現代人怎麼想，至少過去的人們相信祂們的存在，祂們的故事是先民生活的一部分。

為孩子傳承

為何現代要繼續傳承這些鬼怪故事？答案是為了要了解先民的生活，傳承古老的生命經驗。不是說祂們真的會在現代作祟，而是歷史感使祂們栩栩如生；我們透過鬼怪的足跡撿拾記憶，反思現代與未來——畢竟不了解過去，就無法知道該開創怎樣的未來。

臺北地方異聞工作室近幾年來致力於蒐集臺灣妖怪傳聞，陸續出版臺灣妖怪圖鑑《唯妖論：臺灣神怪本事》、跟著妖怪去旅行的《尋妖誌：島嶼妖怪文化之旅》、試圖建立臺灣妖怪學理論的《臺灣妖怪學就醬》等書；這些嘗試都是希望發掘、討論妖怪的新面向。如果追尋過去的用意是展望未來，那麼「為孩子寫妖怪故事」無疑是最合適未來主人翁的方式。我們希望大家意識到臺灣有著眾多族群，彼此間有豐富與複雜的根源和歷史課題，不論現在或是將來，這些故事是臺灣的一部分。

同時了解「故事」與「歷史」

撰寫本書時，我們特別留意幾個理念，首先是族群的多元。除了漢人，我們也蒐羅眾多原住民的傳說故事；當然，三十個精怪妖異還不足以呈現臺灣傳說的豐富。然而，我們希望小讀者能藉此意識到臺灣自古有著眾多族群與各異的文化。其中，「臺灣妖怪」這種說法是否能囊括原住民傳統中的「靈」？有沒有一種精準的翻譯能呈現原住民的世界觀？這些尚是未解的問題。雖然我們暫時以「妖怪」囊括原住民傳統裡不屬於神明的超自然存在，但這些都不是定論。透過暫用的「臺灣妖怪」一詞，但願大家能共同參與思考，或至少保持謹慎的態度看待本地的多元文化。

本書每一篇章分為兩大部分，一是「故事」，妖怪故事至少可分為兩種，一種是民間故事，原本就已有特定的情節、敘事方式、登場人物，譬如虎姑婆、林投姐等。對於這些故事，我們會按照合適的時代氣氛版本加以演繹。再者是民俗傳說，也就是與日常生活共存的怪異，譬如水鬼、魔神仔，這些鬼怪沒有既定的情節，只有遭遇的結果與解決的儀式，對此，我們會按照民俗對祂們的想像加以改編，撰寫出屬於這個時代的版本，也是保留今日我們對於妖怪傳說的觀察角度。

另一部分是「妖怪事件簿」，我們根據多項文獻，包括清代的《虎媼傳》、《淡水廳志》，日治時代的《臺灣原住民族系統所屬之研究》、《生蕃傳說集》、《臺灣風俗誌》，甚至考察南至菲律賓的巴丹群島，北至金山萬里，說明每篇故事

形成的時代背景、各種版本的來由，以及如何反映當時人們的生活，包括他們的恐懼或是不方便的地方，如何形成了流傳久遠的傳說。這個部分既是歷史的根源，也是我們想向小讀者說明，妖怪並不可怕，通常都有祂形成的原因，只要我們願意好好理解，就能知道前人的努力與辛勞。

妖怪存在的理由

從臺灣的民俗學出發，「鬼」與「精怪」被視為不同類別，因此不少民俗研究者不將「鬼」列為妖怪之列，但我們的立場是不加以區分；因為我們的目的，並非建立一套完整的民俗學解釋體系，而是透過對於超自然的想像，追溯先民的生活方式與世界觀。希望透過轉述傳說，讓孩子了解先民思考世界的方式，以及妖怪存在的理由；要是因為不得不分類，反而剔除了某些故事，是十分可惜的，故我們僅大致依「怪異現象、動物幻化」、「魔神作怪、奇特巨怪」區分為上下兩冊。在這套書裡，盡可能多樣的呈現對臺灣的飽滿想像。

臺灣妖怪故事之後，接下來還會透過什麼來討論臺灣呢？或許接下來會開始討論臺灣神明吧，也可能是進一步建立完整臺灣神話和傳說系譜的機會，包括漢人與原住民，甚至是新住民的故事。無論如何，「給孩子的臺灣妖怪故事」不但希望小讀者在其中明瞭歷史的演變，最重要的是體驗神祇精怪的傳奇感，同時也能享受閱讀的無上樂趣。

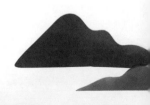

掀人被子的三消

「看到陸地了！」

前面有人這樣喊了起來，竹筏上的大家全都轉頭望去，好幾個人還挪了挪身體，迫不及待往那一側靠近，弄得竹筏晃了晃，讓人不禁擔心會不會就這麼失去平衡。她摟著女兒，隨著海浪起伏動了動身體，沒離開原先待的角落，卻也伸長了脖子，想親眼看看遠方那片陰影，揣想那究竟是什麼樣的陸地。

她和族人在海上好幾天了，隨風順水的漂流著，一心只想離原來的地方越遠越好。目的地未知，糧食畢竟有限，現在終於能靠岸，也許還能安定下來。她想，大家或許都鬆了一口氣。

他們本來住的地方叫作「沙那賽」。沙那賽原本應該是個好地方吧？不然，他們的祖先不會選擇在那裡落腳、開枝散葉。但是如今，只要一想起不久前才離開的故土沙那賽，卻只感到驚慌、疲累與無奈。她想，竹筏上的其他族人也都一樣吧。

沙那賽有妖怪。

那種妖怪總是在黑夜時候出沒，騷擾睡夢中的人。它到來之前沒有任何徵兆，往往要到人突然驚醒，才會發現妖怪掀走了棉被，而當他們驚叫時，妖怪又「咻」

的消失不見，一點蹤影也沒有。女兒也遇過，女兒被嚇得大哭，之後好幾天都在夜裡忽然間嚇醒，睜著大眼睛，渾身僵硬，恐懼的看著黑暗深處。

妖怪其實也只不過是拿走棉被，卻讓族人非常、非常困擾——他們再也沒辦法好好睡覺了。沒有人能夠安心，因為不知道妖怪什麼時候會出現？是用怎樣的方法忽然出現在屋子裡？不知道它為什麼要這麼做，甚至，不確定它會不會有一天做出拿走棉被以外的事……她想到這裡總感到無比害怕——要是有一天，妖怪偷走女兒怎麼辦？拍了拍因焦躁不安在淺眠中扭動著的女孩，煩惱得皺起眉頭。

他們不是沒有試過守夜，不過對妖怪來說一點用也沒有。白天，族人相互警告彼此，手拉著手遊戲；夜裡，大家圍著火堆坐著，提防妖怪。然而，妖怪仍時不時突然出現，又消失，絲毫沒有要放過他們的意思。

有一天，坐在火堆旁的人們這樣議論了起來。

「太痛苦了。」

「它已經騷擾我們這麼久了，以後也會繼續下去，在我們的子孫身邊作怪。」

「根本是沒完沒了嘛！」

「我們拿它一點辦法也沒有。」

火邊的人紛紛搖頭嘆氣。一時之間，只有火焰燃燒嗶剝作響。過了一會兒，不知是誰輕聲的開口。

「如果，我們趕不走它……」他慢慢的想，慢慢的說：「或許，我們……應該離開。」

她那時也在，和其他人一起低頭沉吟，咀嚼這個可能。之後幾天，族人開始討論這件事，彼此爭辯與說服，最後，共識慢慢凝聚，他們最終有了一致的決定：離開這裡，到一個新的地方，重新開始。

竹筏就是在這之後造成的，他們挑了最好的竹子，建造了這艘大竹筏，族人們乘著海潮出航，面向大海的另一方，將所有東西統統拋在腦後，包括他們的故鄉沙那賽，還有那隻妖怪。

至少她希望是如此。

竹筏接近陸地的邊緣，年輕力壯的人們翻下筏子，協助竹筏靠往多岩的海岸。她牽著女兒，跟隨族人下了船，踏上堅硬穩固的地面，身體卻一時沒忘記海浪的節

奏，有好一陣子都感覺正搖晃著，彷彿只是剛登上另一艘巨大的竹筏。

「這個地方很好，可以住人。」

前去探路的人愉快的這樣說，於是他們停在一塊合適的地方，開始整理起來。要重新蓋起屋子，掘理好田地，建好像以前一樣的聚落，還需要很長一段時間，但至少今天，他們可以先安頓自己，把休息的地方弄得舒服點，睡上一覺。

但願如此。

其實，她心裡仍有些隱隱約約的煩憂，只是這些想法太不吉利了，因此一直不敢向其他人說出口。她擔心的是——他們真的逃離妖怪了嗎？在竹筏上的時間，妖怪的確不曾出現，可是，面對這種總是不知從何而來、也不知躲在何處的妖怪，什麼都無法預料啊。萬一它一路都偷偷跟著，也和他們一起抵達這裡的話，該怎麼辦才好呢？他們已經拋棄了這麼多東西，航行了這麼遠的路，來到這麼陌生的土地……

睡夢中，她感覺到被什麼東西踢了一下，迅速坐起，四下查看。什麼都看不清，這片黑暗如此陌生，當中可能有些什麼，也可能什麼都沒有。她眨了眨眼睛，等到終於看得見東西，心跳頓時漏了一拍——

睡在身邊的女兒，蓋在身上的棉被不見了。

她焦慮的左右查看，但夜裡寂靜無聲，沒有其他人受到驚擾。看了看睡在另一邊的家人，棉被也都好端端的蓋在身上，不像是妖怪作祟過的樣子。

女兒的呼吸安詳又深沉。她弄不清是怎麼回事，只警戒的坐在原地，聽著、等著。一會兒，女兒的腿動了動，踢向她的身側，而她終於知道自己是被誰喚醒。就著月光小心摸索，在女兒的腳邊找到被踢成一團的棉被，她不出聲的笑了，輕輕拉起棉被，滿懷憐愛的重新替女兒蓋上。

她一手拍撫著女兒的背，閉上眼睛，很快便沉沉睡去。

今夜，以及此後，都將會一覺到天明。

【妖怪事件簿】

日治時期的人類學家伊能嘉矩，曾在巴賽族北投社記錄到一則口述傳說。巴賽族人說，他們的祖先其實原先住在一個叫作「沙那賽」（sanasai）的地方，但那個地方有妖怪出沒。妖怪名叫「三消」（sansiau），會在人們睡著時出現，溜進房屋拿走人們的棉被，然後就這麼消失不見。三消的神出鬼沒令人恐懼，掀棉被的惡作劇，也讓人們不堪其擾，族人互相警戒，夜裡也生起火，人們圍繞在旁，或是手牽著手一起跳舞，希望能防止三消作亂。只是，儘管如此警覺，三消仍然持續不斷騷擾著他們，最終人們決定離開沙那賽，造了竹筏，一整族遷徙而去，後來才在臺灣北海岸的深澳上了岸。

巴賽族大都自稱從沙那賽遷徙而來，但紀錄中，曾經提到三消妖怪的，卻只有北投社。伊能嘉矩認為，「三消」一詞是從漢人的「山魈（ㄒㄧㄠ）」或「山𩳐（ㄒㄧㄠ）」借來的。漢人的山魈指的是一種單腳妖怪，在山裡神出鬼沒，會偷竊或使人生病，而在志怪筆記小說《子不語》中，也有騷擾睡夢中人的紀錄。巴賽族傳說中的妖怪看來和山魈有相似之處，而巴賽族居於臺灣北部，與漢人雜處，受漢文化影響，指稱妖怪的用語很可能便因此漸漸轉變了。所以，「三消」這個妖怪，不只承載了巴賽族群的歷史，還保存了不同文化之間互動的痕跡呢。

住在地底的有尾人

伊庫倫

比撒如蹲在下風處的草叢中，手上的弓拉滿弦，對準眼前的獵物。

那是一頭身材精壯的水鹿，頭上新生的鹿角還有未脫落的茸毛。牠一會兒低頭咀嚼低矮的箭竹，一會兒看向遠方，雙耳靈活的動了一下，發出呦呦的鹿鳴。比撒如的心跳得很快，繃緊的弓弦讓他的雙手發顫，他屏住呼吸瞄準，接著鬆開弦——弓箭歪斜的朝水鹿飛去，卻只擦過牠的角。水鹿驚嚇的跳躍起來，三兩下消失在視野中。草叢中傳來一聲扼腕的嘆息。

「今晚又要餓肚子了……」比撒如洩氣的咕噥道。

他已經出門狩獵三天了。三天來他什麼獵物都沒打到，僅能靠著路邊的野草和野果充飢。如今的他頭昏眼花，站都站不穩。此處距離部落非常遙遠，以他現在的身體情況，恐怕是永遠走不回去了。

彷彿是天神嫌比撒如不夠悲慘似的，此時天邊響起悶雷，下起了傾盆大雨。比撒如拖著虛弱的身子，好不容易找到一處避雨的山洞，縮著身子靠在山壁，在淅瀝的雨聲中闔眼假寐。

恍惚之間，一股奇異的香氣傳來。

那是一種他從未聞過的食物氣味，饞得他口水直流。香味從洞穴深處傳來，比撒如循著香氣往洞內走去。洞穴蜿蜒而漫長，不斷向下，越來越狹窄，也越來越漆黑；他從低頭走到彎腰，彎腰又走到蹲伏，到最後幾乎是匍匐前進。他在伸手不見五指的黑暗中惴惴不安，但逐漸濃郁的香氣讓他忘卻了恐懼。

不知道走了多久，他看見了光。光亮來自眼前一個幾乎垂直向下的彎。比撒如沿著山壁下降，忽而感覺周遭空曠起來，才剛踏到平地，背後傳來一個聲音。

「你是誰？」

他嚇得抽出腰間的彎刀，一回頭，發現四周都是人。洞穴變得寬敞又開闊，一群人圍坐在洞穴中央的石桌，桌上擺滿了食物，看來正在用餐。這些人皮膚白皙，男女老少都有，有的人臉上洋溢著好奇，有的人則略顯敵意。比撒如驚訝得說不出話，他沒想過，地底下竟然住著這樣的一群人，但讓他更驚奇的是，這些人的屁股後頭都長著一根長長的尾巴。

比撒如放下彎刀，說明自己的來意。他告訴對方自己是布農人，因為追獵而來，意外走進這座山洞。對方則告訴他，他們是「伊庫倫」，世代都居住在地底。

對方放下了戒心，見比撒如似乎餓壞了，友善的邀請他用餐，他則感激的接受了。石桌上全都是他沒見過的菜餚，他拿起一個像是果實的東西張口咬下，果實的外皮是紫色的，裡頭的果肉卻是金黃色，口感柔軟而綿密，他覺得這是他一生中吃過最美味的東西——

「你在做什麼，這樣會吃壞肚子的，快吐出來！」

比撒如從佳餚中抬起頭，發現伊庫倫們紛紛瞪大了眼睛，不知道自己做錯了什麼。只見方才邀請他入座的男人拿起一根竹管，示範進食的方式。他用竹管對準菜餚，深吸一口氣，臉上露出心滿意足的表情。

「你們這樣就吃飽了嗎？」比撒如非常訝異，「剩下的部分呢？」

男人不解的蹙眉，「剩下的就是殘渣，當然是丟掉啊。」

「太浪費了！」比撒如忍不住說。

雙方這時才意識到，彼此的身體構造大不相同。布農人需要把食物吃進肚子裡，伊庫倫卻只要吸食香氣就吃飽了，因此他們的肛門非常小；也是在這個時候，伊庫倫注意到比撒如沒有尾巴。

知道彼此的差異後，伊庫倫先是吸食完香氣，接著才讓比撒如飽餐一頓。比撒如很久沒有吃得這麼撐、這麼香了。布農人只會狩獵，要是沒有獵到獵物，就得靠野菜和野果維生，過著有一餐沒一餐的生活。比撒如問伊庫倫是在哪裡採摘到如此美味的食物，只見對方搖搖頭，「不是採摘，食物都是用種子從土地裡種植出來的。」

「種植出來？」

眼見比撒如聽不明白，伊庫倫便帶他前往他們的田地。他們往洞穴更深處移動，洞穴蜿蜒向上，沒多久便豁然開朗。他們來到一處狹長封閉的深谷，陽光從谷間灑落，谷底到處都是比撒如沒見過的植物，領路的伊庫倫女性一一介紹：「這裡是小米和玉米，那裡是綠豆和紅豆，藤架上長的是樹豆和豌豆，甘藷和芋頭則生長在地底……」

聽到這麼多陌生的名稱，比撒如大開眼界。他詢問對方可否給他一些種子帶回去，對方面有難色的拒絕了。雖然如此，他還是趁對方不注意，在指甲縫裡偷藏了一些。臨走前，他詢問伊庫倫是否能夠再來拜訪，對方表示歡迎，不過約定來訪前必須先在外頭喊叫提醒他們，好讓他們來得及坐在臼上，把尾巴藏起來。

回到部落，比撒如把地底人的事告訴了族人，並模仿伊庫倫的方式把偷來的種子種到土裡，悉心照料。幾個月過後，土壤果真長出了作物。從此以後，布農人即使打不到獵物，也用不著挨餓了。

然而，布農人與伊庫倫之間的情誼沒有維持多久。

在比撒如之後，布農人一共拜訪了伊庫倫兩次，每次都得消耗整整兩簍照明用的油柴。第一次，他們忘記比撒如的叮囑，沒有給洞內的伊庫倫來訪的暗號，伊庫倫驚慌的坐上石臼，好幾個人不小心弄斷了尾巴；第二次，布農人帶了獸肉作為賠禮，卻在用餐時把肉餵給伊庫倫的孩童，吃了肉的孩子們腹痛如絞，紛紛死去。這兩次事件讓伊庫倫對布農人非常憤怒，表示再也不歡迎布農人的到來，等到布農人第三次拜訪，通往地下的洞口已然消失無蹤。

從此之後，再也沒人見過伊庫倫的身影。

【妖怪事件簿】

伊庫倫（Ikulun）在布農語中，是「有尾人」的意思；「Ikul」是布農語的「尾巴」。

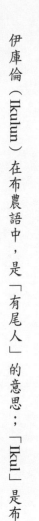

傳說，從前的布農人只會打獵，不懂得如何種植農作物，直到他們遇到住在地底的伊庫倫，才從伊庫倫那裡偷得作物的種子，學會農耕的方法。有趣的是，不只是布農族，臺灣許多原住民族中，都有與地底人相遇的故事。

達悟族的地底人教導達悟人如何建築、耕作、織布、製作拼板舟，也教導達悟人生活中的各種規範、禁忌與儀式；魯凱族的地底人和伊庫倫一樣長有尾巴，並且也是經由偷竊取得穀種；鄒族的地底人和伊庫倫一樣只吸食食物的香氣，還將小米的種子送給鄒人；阿美族的地底人傳說和農業無關，卻是與地震如何產生有關的神話。

可以看出，地底人的傳說幾乎都與農業的發展有關。其實不只是臺灣，中國南方、日本、印尼等地的一些民族，因為偷盜異族穀種而學會農耕的故事也不少見。地底人的故事，或許可以看作是兩個民族交流經驗的轉化。兩個文化不同的民族相遇，自然會發生各種衝突，而偷竊可說是其中最常見的一種形式了。

矮靈祭的由來
達隘的故事

夜幕低垂，部落中央的廣場上，賽夏人們跳著舞。這支為了歡慶小米豐收而跳的舞蹈，已經持續好幾個日夜。

舞蹈由長長的人龍組成，人們手牽著手，踏著前後搖擺的舞步，口中哼唱著祭歌。臀鈴是在場唯一的伴奏，幾個頭戴舞帽的舞者引領隊伍轉圈，時而收攏、時而擴張、時而暴起衝刺。這些舞帽相當沉重，幾乎有半個人高，上頭綴著代表家姓的裝飾，兩旁垂下美麗的流蘇。

瑙巴斯也在隊伍之中，相較周遭歡快的氣氛，卻是眉頭深鎖、心不在焉。他擔憂的盯著人龍中的外來者。仔細看，隊伍當中幾個人身材特別矮小，卻不是孩童。他們膚色黝黑、頭髮微捲，歌曲唱得最優美，舞也跳得最賣力。

他們是「達隘（ㄞˋ）」，曾經教導賽夏人如何種粟、織布、舞蹈和吟唱祭歌，因此每年小米豐收時，賽夏人都會邀請他們一起參加慶典。達隘能歌善舞，每次都能將氣氛炒得熱鬧萬分；然而，達隘有個好色的壞毛病，他們臂力大，巫術又高強，每次慶典結束，總會有幾名賽夏族婦女肚子莫名脹大，這才發覺自己懷了達隘的孩子。

瑙巴斯才剛新婚，而他今天自晚餐後便一直沒見到妻子，可以想見他是多麼擔心妻子的安危。一位婦女抱著酒壇，用竹筒舀酒給舞者，瑙巴斯接過竹筒，將當中的小米酒一飲而盡。他詢問對方是否有看見自己的妻子，對方搖了搖頭。

懷疑和恐懼在瑙巴斯的心中萌芽。於是，他鬆開了旁人的手，離開了歌聲和舞蹈，發瘋似的尋找妻子的下落。他挨家挨戶的找，逢人便問，最終得知妻子似乎前往某處隱密的樹林。

妻子為什麼要去那種地方呢？

瑙巴斯越是接近樹林，他的心就越是忐忑。他希望自己的預感不要成真，然而，他仍舊看見那令他震驚又絕望的一幕：一個喝醉的男性達隘光著屁股，正在騷擾自己的妻子。

瑙巴斯大喝一聲，嚇了對方好大一跳。當他準備抽出腰間的佩刀，對方卻只是挑釁一笑，輕彈手指便隱身消失。男人扶起妻子，竟發覺她整個人恍恍惚惚、眼神迷離，完全不記得剛才發生什麼事。

瑙巴斯憤怒極了，雙眼像是要噴出火焰。他要報仇，要對這些把賽夏人當作玩物的矮人們報仇！於是，他想到一個聰明又邪惡的計畫。他召集三個友人，來到部落外一株巨大的山枇杷樹前，他知道，達隘們每次祭典結束，都會在這裡乘涼，而山枇杷樹向懸崖延伸，下方便是萬丈深淵……

「你確定要這麼做嗎？如果他們發現了……」

「那就不能讓他們發現。」瑙巴斯冷冷的說。他用斧頭將山枇杷樹的樹根砍了一半，裂口處用泥巴敷上，掩飾斷裂的痕跡。陷阱完成後，他們便回到部落，等待事情的結局。

祭典在黎明時分結束，正要返家的達隘們經過了山枇杷樹。這天天氣很熱，達隘果然打算上樹乘涼。他們陸續爬上樹，直到每根樹枝上都坐著矮人，有如棲息的小鳥。一名達隘婦女最後爬上樹，她每踏一步，都讓樹幹嘎吱作響。「那是什麼聲音啊？」她警覺的問。一個達隘男人開玩笑的說：「是大嫂膝蓋骨的聲音吧。」

沒想到，話音剛落，山枇杷樹便因為承受不住重量而折斷，帶著滿樹的達隘墜落深淵。達隘們的驚叫聲迴盪在深谷，久久才散去。一對達隘老夫婦坐在樹根，因而倖免於難。他們震驚的看著眼前的災難，過了好久才反應過來，先是悲痛的哭泣，接著又發現這似乎並非意外：山枇杷樹的斷裂處有斧頭鑿過的痕跡，上頭還有剛敷上去不久的溼泥。

究竟是誰設下這種惡毒的陷阱？

兩名達隘老者回到部落質問賽夏人。瑙巴斯在人群中聽見老者的話，知道自己的計策成功了，但復仇的快感很快便消散，隨之而來的是滿滿的罪惡感。他打算坦承自己的犯行，卻被頭目以眼神阻止。

「我不知道是誰做出這種事，但必定是因為你們達隘經常欺負我們賽夏人，遭受怨恨，才會導致災難發生的。」頭目如此說道。

達隘老夫婦聽了頭目的話，又是委屈又是憤怒，他們明明從未做過任何對不起賽夏人的事，卻要遭逢這等災難。他們自知寡不敵眾，於是取來一片山棕葉，在眾人的面前將葉片撕開，每撕開一片，嘴裡便吐出一個詛咒。

「這一片，野豬會拱壞你們的田地！這一片，麻雀會啄食你們成熟的果子！這一片，老鼠會吃掉你們收藏的穀物！這一片，你們永遠都不會豐收！這一片，你們每次出草，都會被對方殺死！」

達隘老者還想再撕，卻被一旁的達隘老婦阻止，「再撕下去，賽夏人會滅族的。」一念在過去的情誼，達隘老者停下了動作，留下最前端的葉片沒有撕開。從前，山棕葉和芭蕉葉一樣是完整的橢圓形，但在達隘降下詛咒之後，都裂成了一片一片的模樣。

聽了達隘的詛咒，賽夏人十分害怕。不論賽夏人如何挽留，達隘老夫婦仍堅決表示要離開，再也不回來。據說他們往東而去，此後再也沒人看過他們的身影。不久，賽夏人的農作果真歉收，甚至爆發瘟疫。頭目心知達隘的詛咒應驗了，為了補償，他宣布將原先的小米豐收祭改為撫慰亡魂的祭典，期望透過祭典，平息達隘亡靈的憤怒，藉此化解詛咒。

幾百年後的今天，祭典仍持續進行，那便是賽夏族最為人所知的祭典——「巴斯達隘」，也就是俗稱的「矮靈祭」。

【妖怪事件簿】

達隘的傳說流傳於賽夏族，這則傳說解釋了巴斯達隘（paSta'ay，可至「原住民族語言線上辭典」中的「賽夏語」查詢念法），也就是俗稱「矮靈祭」的由來。

相傳過去賽夏人與達隘共同生活，一方精於狩獵，一方精於農耕和巫術，雙方都過著豐衣足食的生活；後來因為達隘好色，引發賽夏人的報復，最終招致滅族。百年來，賽夏人以巴斯達隘撫慰死去的達隘亡魂，而這也是臺灣唯一一個奠祭異族的祭典。

賽夏人有嚴格的姓氏分工，每個姓氏負責的職責不盡相同。巴斯達隘的舉行，一直以來都是由朱姓負責主持。儀式進行前，每個人和物品都必須綁上芒草結，據說芒草代表達隘的刀，能夠防止矮靈作祟。這個規定不只限於賽夏人，所有參與巴斯達隘的人都要遵守。除此之外，巴斯達隘還有許多禁忌，比如不能爭吵、不能打架、不能說謊……等等，若有違反，就必須到祭屋投入奉獻金，打上新的芒草結。值得一提的是，這段時間也不能亂丟石子，因為可能會擊傷矮靈。

臀鈴是巴斯達隘進行時唯一的樂器，也只有在這個時候才能穿戴，據說平時若是讓臀鈴響起，很可能會招來矮靈。臀鈴的穿戴不限男女，傳統的臀鈴以藤皮編織而成，像背包那樣以兩邊肩帶支撐，從腰部一路延伸到臀部，下方縫製十幾串竹管，以前後搖擺的舞步碰撞發出聲響。

舞帽是巴斯達隘中另一個值得注意的配件。早期是佩戴在頭上，後來因為越做越大，材質越用越好，頭部無法支撐，只好改以肩膀替代，因此也可以稱為「肩旗」。據說巴斯達隘時，矮靈會坐在肩旗上觀看祭典，因此不能隨意放置，通常每隔十到二十分鐘便需換手，若真的必須放下，也一定要放回祭屋之內。

巴斯達隘每隔兩年執行一次，每逢十年則盛大舉辦，至今不輟。

被獵首者的化身
無頭妖怪

「我好像看到鹿。」

哥哥一邊這樣說，一邊扯了扯弟弟的衣角，不過當弟弟轉過頭來，悄悄潛近他身旁時，那頭看似鹿的身影靈巧一閃，就這麼一鑽，往樹林的深處去了。

「已經跑掉了。」

弟弟蹲在他旁邊，觀察了一陣後這麼說，說完他搖了搖頭，清點了一下這天的戰利品，滿意的笑了笑，然後抬頭看了看天色。

「今天差不多了。」弟弟是在說獵獲，也在說時間，「別追了，回去吧。」

「那隻鹿很大啊。」

哥哥惋惜的說，仍不死心的盯著那個方向瞧，不甘願就這樣放棄。

遠處的樹叢輕輕晃了一晃，像是逗弄，又像是邀請，他忍不住向前挪了一小步，隨後聽見弟弟朝他輕輕的笑了出來。但他一心一意的看著鹿的方向，甚至沒有分神看笑著的弟弟一眼。

「我先回去準備晚餐好了。注意不要追太晚，也不要追太遠，小心被獵首啊。」

弟弟半開玩笑的這樣交代他，扛起獵物，無聲無息的往回走了。而他隨口應了聲，也無聲無息的開始往前走，滿心期待的靠近樹叢，想要檢查是否有腳印或其他線索。

的確是鹿。哥哥在樹叢旁揚起嘴角，邁開步伐，開始追獵。

哥哥沒有追到鹿，天卻將要暗了，他嘆了口氣，終於還是認命掉頭，往他和弟弟住的狩獵小屋回去。一路上同樣安靜、小心，畢竟弟弟說的沒錯，要是遇上敵人，被砍去腦袋，那可就吃不到今天的晚餐了呀。

想到這裡，他突然停下腳步。有一股腥羶味，讓他皺起眉頭，他環顧四周，仔細觀察，眼前景象讓他心跳漏了一拍。

是血。

就在面前，通往小路的路邊，有一大攤的血跡，把草染成一片紅，就算在淡淡的月光下，還是鮮豔得讓人頭皮發麻。

難道弟弟遇上敵人了？哥哥驚慌不安，顧不得要小心了，趕緊跑過最後一小段路，往狩獵小屋前進。

小屋裡頭似乎傳來東西碰撞的聲音。哥哥心裡一驚，在門口停下腳步，屏住氣息，靠在門邊聽著。聲音從容不迫，大都是器具輕輕碰撞的聲響，聽起來只是有人在煮飯。哥哥放心了，畢竟要是弟弟出了什麼事，才沒辦法這樣輕鬆的煮飯呢。晚餐的香味飄了出來，他露出笑，踏進小屋——

我回來了——這一句話卻硬生生卡在喉嚨。哥哥伸手壓住自己的嘴，好不容易才沒有大叫出來。

他看見飯鍋旁邊有個人，站著，穿著弟弟的衣服。

但是頭不見了。

哥哥咬著牙，看著那具無頭的身體在小屋裡靈活的走來走去，還在煮鍋旁忙碌著，不時拿起飯勺，攪動鍋裡的食物，彷彿悠閒的準備晚餐，好像還活著一樣。但是，少了頭的身體不可能活著。雖然不知道為什麼，不過沒有頭的弟弟一定已經死了，小屋裡的這個怪物，肯定是弟弟的身體變成的。

是妖怪。

這妖怪想做什麼？它可以做什麼？哥哥在門口，越想越害怕，一時間卻僵立著

無法動彈。弟弟那具妖怪身體仍渾然不覺，背對著他，悠哉用飯勺舀起一瓢飯，從傷口斷面將米飯倒了進去，就像在吃東西……

看到這一幕，哥哥差點又大叫出聲。他忍住害怕的呻吟，急急往後退，邊退邊發抖，努力輕手輕腳，下一步，卻聽見腳邊發出「喀」的一聲。

他低頭看，一小塊柴薪顯然被他踢個正著，在地上打轉了一陣，緩緩停下。

接著他抬頭看。那妖怪放下了飯勺，轉了過來，正面向他，就像發現了他一樣。

哥哥轉身逃跑。

哥哥在夜晚的山路上奔跑，回頭看了一眼。妖怪高舉著雙手，跟在他的背後，也奔跑起來。

「等一下！」它說起話來，「等一下、等一下！」

明明已經沒有了頭，卻仍然能發出弟弟原本的聲音——多麼可怕啊。

更可怕的是，妖怪跑得很快，就在他背後，幾乎差一步便可以碰到他，甚至抓到他。

被抓到會怎樣？他想都不敢想。

「等一下！」它不斷叫著：「等一下、等一下！」

「啊——！」

哥哥害怕的大喊，一面使勁加快速度奔跑。腳早痠了，也幾乎已經喘不過氣來，可是妖怪緊緊跟著，他要是停下來，就一定會被妖怪趕上，因此只能拚命跑，拚命跑，拚命跑……

「喂！」

不知道跑了多久，就在他覺得再也跑不動，即將跌倒時，突然聽見前方不遠處有人的說話聲。他用力多踏出一步，再一步，又一步，終於看見山路上有一群獵人，是他的族人，他們也看到他了，朝他叫喊著。哥哥終於跑到他們之中，隨即癱坐在地，上氣不接下氣。

「救——救命——有——有——」

他指向背後的山路，轉過頭，一瞬間愣了。剛剛還跟在他後頭一步的妖怪，竟然就這麼消失了。哥哥又喘又茫然，發不出聲音來，獵人蹲下來拍著他的背，只是看著他的眼睛，示意他不用多說，重重的點了點頭。

「我知道。我們都看到了。」

獵人們表情凝重，和哥哥一起站在山徑上，看著妖怪消失的地方，久久都沒有說一句話。

弟弟就這樣消失了，那是哥哥看到弟弟的最後一天。後來，他偶爾會聽見別人遇見無頭怪的事，也偶爾會跟其他人說起弟弟變成妖怪，並猜想那天在弟弟身上究竟發生了什麼事。

但無論他怎樣想，都不可能知道答案了。

無頭怪物的故事流傳於鄒族。《生蕃傳說集》一書中記錄，達邦社有一對兄弟外出至雅攸嘎那（Yayungana，在阿里山特富野部落青年集會所「庫巴」的所在地）打獵，那天，弟弟早一步回小屋準備晚餐，哥哥則在外頭搜尋獵物，過了一陣子才踏上回小屋的路。接近小屋時，他驚訝的發現地上有血跡，擔心弟弟遭遇不測，趕忙衝進小屋查看。小屋裡傳來了煮飯的聲音，哥哥稍微放下心來，然而定睛一看，卻發現擺弄著飯匙的弟弟，居然沒有頭！

弟弟沒有頭的身體拿著飯勺，將米飯從脖子的切口倒進身體裡，哥哥見到這一幕大驚失色，趕緊從小屋逃跑。想不到，無頭的身體從小屋跑了出來，還發出「等一等、等一等！」的聲音，一直追在哥哥後頭。

哥哥拚命跑，好不容易遇上其他獵人，只是當哥哥向他們大聲求救後，弟弟沒有頭的身軀也隨即消失不見。

同樣是達邦社，另一個版本的故事則是說，有個人和朋友去打獵，半夜在小屋休息時，見到有人站在屋外，以為是朋友回來了，定睛一看，卻是一個斷頭的人，斷掉的頭垂掛在胸前，只剩脖子上薄薄的一層皮連在身上。他嚇得大叫，而斷頭人也馬上不見了。

相似的故事也流傳於來吉部落。哥哥逃離妖怪時驚動了社人，大家以為敵人來襲，紛紛拿起武器準備應戰，後來才弄清楚原來是妖怪追人。來吉部落說，這種無頭妖怪時不時會出現，也因此，在外橫死的人，屍體絕對不能運進社裡。

其實依照鄒族的習俗，只有壽終正寢或戰死的人可以被埋葬在屋內，在外頭發生意外死亡或是被獵首的人，屍體則只能埋葬在室外。無頭妖怪的故事，或許正好能和這項習俗相互印證。

悲劇的英雄
毒眼巴里

巴里有一雙紅色的眼睛。

據說，那雙眼睛比世界上所有的琉璃珠都還晶瑩剔透，沒有雜質的紅色是最純粹的火焰，滾動著生命的光彩——部落裡的人都這麼說，但是，真正看過那雙眼睛的人卻少之又少。因為，那雙眼睛雖然美麗，卻比最鋒利的獵刀、最神準的弓箭都還要致命——

所有被那雙紅眼睛看到的東西都會燒成灰燼。

這樣可怕的能力並非與生俱來。小時候，巴里是個活潑開朗的少年，除了擁有一雙紅眼睛，其他都和常人無異。若真要說有什麼差別，大概只有比起其他同年紀孩子更聰明，體能也更好；他能像猴子那樣敏捷的爬樹、像鯝魚那樣迅捷的泅（ㄑㄡˊ）水，還能像獵犬那樣飛快的奔跑。

「將來我要成為最厲害的勇士！」巴里總是把這句話掛在嘴邊。族人們也都相信，總有一天，巴里的頭帶上會插滿熊鷹的羽毛和山羌的牙，身體紋上只有特殊功動者與貴族才具資格的百步蛇紋身。然而，在巴里成年以後，一切都變了調。

那一年的成年禮，巴里與其他男孩跟著長老上大武山打獵，只有完成這趟初

獵，男孩才能正式晉升為男人。在長老悉心的教導下，巴里很快便掌握了打獵的技巧，怎知當他的箭頭瞄準樹上的飛鼠，卻發生了意料之外的事：在弓箭還未射出時，飛鼠忽然像是被什麼東西攻擊，從樹上跌落下來。

巴里上前檢查，竟發覺飛鼠全身焦黑，彷彿被大火灼燒。他帶著困惑繼續狩獵，接下來不只是飛鼠，山羌、水鹿，甚至是山豬，全都在他放箭之前因為燒傷死去。他這才發覺，殺死獵物的，是自己凝視的目光。

那一年，男孩們的初獵收穫頗豐。巴里把自己忽然展現的異能告訴其他人，眾人欣喜萬分，紛紛對巴里擁有這樣的天賦給予祝福。但他卻隱隱覺得，擁有這樣的能力並不是好事。

他的預感成真了。

從那天起，不只是獵物，所有被巴里看見的事物都會燃燒。在一次意外傷人後，族人們開始忌憚巴里的能力。為了避免再次傷人，巴里用布蒙上雙眼，並在頭目的安排下搬離了石板屋林立的部落，到附近的山洞生活。

蒙上眼的巴里無法靠自己維生。每天，家人會替他送來飯菜。家人在洞口附近架設繩子，繩子串接竹筒做的竹鈴；他們會搖晃繩子，對著山洞裡大喊：「巴里，我送飯來啦！」不久，巴里便會彎下腰，倒退著走出來。

巴里的故事流傳得很廣，就連不是部落的人，都知道在四周石頭滿布焦黑痕跡的山洞裡，住著一位擁有殺人視線的少年。正好此時，巴里的部落和附近的箕（ㄐㄧ）模部落發生戰爭，箕模人聽聞巴里的事蹟，覺得是個潛在的威脅，於是決定先發制人。

但要怎麼做呢？要是正面與巴里起衝突，只要他拿下眼上的布一瞪視，他們毫無勝算。後來經過調查，他們得知巴里家人每天送飯的事，因而想到了一個邪惡的計畫。他們在巴里家人送飯之前，搖動山洞外的繩子，模仿巴里家人的聲音對著裡頭大喊：「巴里，我送飯來啦！」等了一會兒，果真看見巴里彎下腰，倒退著走出來——箕模人的詭計成功了。

只見一陣刀光閃爍，領頭的箕模人抽出腰間的大刀，一瞬間斬落巴里的人頭。箕模人大聲歡呼，把砍下的頭用布包起來當作戰利品，趁著被發現之前逃之夭夭。他們打算把巴里的頭獻給頭目，但在回到部落之前，領頭的人忍不住想：「每個人都說巴里有雙紅眼睛，又有誰真的看過呢？」他越想越好奇，於是趁著其他人不注意，偷偷揭開布包的一角，恰好與巴里四目相接。和他想的一樣，那是雙非常美麗的眼睛，但他沒想到的是，就算那雙眼睛的主人死去了，還是擁有可怕的力量。

領頭的箕模人大叫起來，摀著眼睛在地上打滾，火焰和鮮血不斷從指縫竄出。巴里的頭顱失去支撐，滾落在地。箕模人聽聞叫喊全都跑了過來，巴里的頭還在滾動，所有經過他目光掃視的地方，全都燃起了熊熊大火。霎時間，驚叫聲此起彼落。

族人一發現巴里死去，立刻沿著箕模人的足跡前來追擊。很快便在距離山洞不遠處的一片林地找到了箕模人。令他們意外的是，所有的箕模人都死了，不僅神情痛苦，全身更像是煤炭般焦黑。一片狼藉之中，只有巴里的頭顱特別顯眼，此刻的他闔上雙眼，神情安詳。

族人們知道，巴里的心願完成了；此刻的他，是一名真正的勇士。他們將巴里的頭顱和身體葬在他生活過的山洞中。從此，山洞成為族人口中的禁地，而毒眼巴里的故事將世世代代流傳下去。

《妖怪事件簿》

「毒眼巴里」的故事廣泛流傳於排灣族各部落，版本非常多。

這些故事大都情節相似，通常描述一名擁有紅眼睛，名叫「巴里」（palji）的少年，只要他看到的物體都會死亡或燒毀。為了不要傷人，巴里遮住自己的眼睛，離群索居，最後卻因為敵人模仿親人送飯受騙被殺，然而，死後眼睛異能並未消失，敵人因此遭受報應而亡。

這些故事僅僅在細節處有所不同：比如遮住眼睛的方式，是布條、棉被，或鐵製的頭盔；獨居時住的是山洞或村人幫忙蓋的石板屋；呼叫巴里的方式，是用繩子拉鈴，或是大聲叫喊；甚至最後殺害巴里的敵人也有不同，除了如上述故事中的箕模人（Tjimur），也有漢人或日本人的版本。

而在某些部落流傳的版本中，故事情節的差異非常大，主角的名字

甚至可能不叫「巴里」，「巴里」成為這種「能夠燒毀注視之物」異能的名稱。這種異能不一定都出現在眼睛，也可能出現在手指、膝蓋或是弓箭上（若在弓箭上，則主角的弓箭能百發百中）；除此之外，還能透過部落巫師作法，將眼睛上的異能轉移至別處。

在某些貴族流傳的版本中，巴里成為他們的祖先，並未離群索居，反而善用自己的能力克敵制勝，打敗了來犯的異族。這些英雄化的巴里最後往往都能善終。之所以出現這樣的差異，或許是因為貴族必須藉由這樣的故事，彰顯自己家族的神聖性，並鞏固且正當化自身統治的權力。

對排灣人來說，「毒眼巴里」不僅僅是故事，時常被視為真正發生過的歷史事件。許多耆老言之鑿鑿說自己看過巴里，還能指出巴里生活過的痕跡：例如被眼睛燒紅或燒黑的石頭、斬首的頭顱染紅的湖泊，或者因為掩埋屍體而成為的禁地。毒眼巴里的故事，或許隱含了自身部落與其他部落或異族之間，彼此競爭與衝突的歷史。

懶惰的巨人
哈魯斯

尤命站在一雙和自己差不多高的巨大腳掌前，心中五味雜陳。腳掌的主人正在酣睡，巨大的身子倚靠山坡，發出比雷還響的鼾聲。巨人的樣貌與泰雅人相差無幾，只是皮膚更加黝黑，是燒焦木頭的深褐色，結實的肌肉讓人聯想到山石，散亂的頭髮有如蔓生的野草，突起的腹部則好似鯨魚的背，隨著巨人的呼吸，在洶湧的海潮中破浪、翻身。

熟睡的巨人臉上沒有平時的狡黠。年邁的泰雅頭目皺起眉頭，更加猶豫不決。

巨人的名字叫作哈魯斯。他的身材非常高大，無論多高的山，兩、三步就能到達頂端，無論多寬的河，只要一步就能跨過；每當下雨溪水暴漲，哈魯斯還會利用他巨大的手臂當作橋梁幫助大家過河。只不過，他有個好色和喜愛惡作劇的壞毛病，若是女性走在他身上，往往遭受調戲，而若是男人走在上頭，則經常被他抖落河中，換來他的大肆嘲笑。

哈魯斯的罪行還不只如此。

尤命想起部落裡男人們憤怒的臉龐，伸長的手指如同射出的箭矢，一支支插在巨人的背上。他們說哈魯斯偷取他們狩獵的成果，用他山洞一般的大嘴擋在獵物逃

跑的路徑上，將他們辛苦追逐的獵物一口吞下。

「部落裡的人在挨餓，全都是因為那懶惰又貪婪的巨人！」男人們用盡各種惡毒的話語咒罵哈魯斯，然而這些惡言惡語沒有一句傳進對方耳中。他們不敢當著巨人的面指責，只好跑到他這裡告狀。

「必須殺了哈魯斯，以絕後患！」一名年輕的獵人抽出彎刀揮舞，砍向不存在的巨人頭顱，在場的男人無不大聲附和。

仇恨如烈焰燃燒。

尤命看著面前的年輕人，面龐上的刺青黑得發亮。他摸了摸自己的額頭和下巴，難道是自己紋面的顏色淡了嗎？他不覺得這件事需要用這種方法解決。然而現場的氣氛火爆，就連女人們也加入支持討伐哈魯斯的聲音。

「我知道了。」老頭目的話語如同刺入獵物心臟的獵刀，周遭一瞬間安靜下來。

於是，在哈魯斯又一次攔截獵物後，尤命來到巨人面前。在命運的交叉口，他緩慢伸出被歲月刻滿皺褶的手，手中無刀，卻足以殺人——

「起來吧，哈魯斯，我有話想和你說。」

老頭目大喊，試圖吵醒眼前的巨人。幾次叫喚後，哈魯斯坐起身來伸了個懶腰，身上的骨頭發出有如樹枝斷裂的清脆聲響。他揉了揉眼睛，看清眼前的來人，

「是頭目啊，有什麼事嗎？」

「你做錯了事。」

巨人滿臉困惑。

「你不該調戲婦女，更不該攔截獵物，現在族人們都在挨餓——」

「部落只有我一個巨人，我很寂寞，也許是我用錯了方法……」他的語氣充滿歉意，深邃的雙眼如同河間裸露的溪石，在陽光下閃動著光。「至於獵物的事，是我一時貪圖方便，沒想到竟對你們造成這麼大的影響，我很抱歉……」

尤命閉上眼睛。這些道歉來得太遲了。他暗自嘆息。

「那我們做個約定。」

「什麼約定？」

「我們每次狩獵，都會送上一份獵物給你，你只要躺在這裡張大嘴巴，食物就

會自動送進嘴裡。雖然吃得會比從前少，但至少再也不用打獵了。」

哈魯斯拍了拍手，「聽起來不錯，就這樣說定啦！」

「很好。」尤命繼續說：「族人剛打完獵，不如這就當成我們約定的第一餐吧。」

「雖然我才剛吃飽……就當成點心吧。」

尤命點點頭，對遠方打了個暗號，不遠處的山坡上便傳來人聲，「最肥美的水鹿來嘍！」哈魯斯聽聞，連忙趴下來張大嘴。眼前的山林響起隆隆的震動聲，似乎是一大群水鹿正在狂奔，直直朝他嘴裡衝來。巨人不疑有他，一口將之吞下。

哈魯斯拍拍鼓脹的肚皮，露出滿足的神情，不一會兒卻覺得腹痛如絞，疼得在地上打滾，大地也為之震顫。他瞪大眼睛，巨大的瞳孔映照出老頭目慚愧的身影，「尤命……你給我吃了什麼？」

「……對不起。」老頭目輕聲說道。

原來，那並不是什麼水鹿，而是一顆燒紅的大石頭。

巨人的哀號聲傳遍了整座山頭，讓每一位聽到的泰雅人膽戰心驚、背脊發涼。

巨石讓哈魯斯的腸胃燃起熊熊火焰，沒多久整個人就成了一團黑紅色的巨大火球。他用盡力氣掙扎、哭喊，卻無法阻止火勢延燒，直到被燒成灰燼。

尤命將一切都看在眼裡。

他必須記得，好確定自己帶著足夠的歉意過完餘生。

和哈魯斯類似的傳說普遍流傳在「泛泰雅族」之間。「泛泰雅族」指的是泰雅族、太魯閣族以及賽德克族，這些原住民族生活圈相近，擁有相似的文化。這類故事，被學者們稱為「巨陰巨人」。所謂的「巨陰」，指的是擁有巨大的生殖器；值得一提的是，在原始的口述傳說中，幫助族人過河的並非巨人的手臂，「巨人以陽具作橋」是個頗為重要的母題。

泛泰雅各族對於巨陰巨人的稱呼不盡相同，泰雅族稱之為「哈魯斯」（Halus），太魯閣族稱之為「德納麥」（Dnamay），賽德克族則稱之為「拉納麥」（Lanamai）。值得一提的是，因為這則傳說，對泰雅人來說，「哈魯斯」這個詞還延伸出其他意思，比如：「流口水」、

「好色之徒」、「亂七八糟的人」……等等。有趣的是，以上詞意大多只在男性之間使用，對於女性來說，「哈魯斯」則代表「很厲害、什麼都做得到的人」。

學者認為，巨陰巨人的故事之所以出現，很可能和早期泛泰雅各族與異族的接觸有關。這些異族可能是外國的探險家或漢人，他們帶著新的技術和物品來到部落，衝擊了原本只依靠打獵和農耕生存的族人。外國人高大的身材和奇異的膚色成為巨人想像的依據，漢人侵占土地則使族人失去獵場，而異族男人與婦女之間的互動，更是讓部落的男性倍感威脅。

這或許便是為什麼，哈魯斯在泰雅族男人和女人心目中，印象不同的原因。

使用黑巫術的番婆鬼

晚風從眉溪拂過，繞進牛眠山頂，最後吹進了牛眠部落。

這是一個驟雨的夜晚，在雨幕與夜色之間模模糊糊的。仔細聽的話，隱約能聽見在雨聲中夾雜嬰孩哭鬧的聲音，塔祿盯著天花板，這樣的夜晚充斥太多聲響，害他睡不著。

自從最小的弟弟出生以後，失眠已成了塔祿的日常，他像往常一樣用被子包裹住自己，試著打造出母親的懷抱。但悶在被子裡太久，空氣都快沒了，還是沒有感受到像母親一樣的溫暖，塔祿猛的拉下棉被，望向睡在同個房間裡的弟弟達伊。

「達伊……達伊醒醒。」塔祿伸手推了推達伊，半夢半醒的達伊翻過身來。在這樣的夜晚，塔祿不想獨自清醒著，希望有人陪伴。

「塔祿，不要吵我……」達伊嘟囔著，想撥開塔祿的手繼續睡。

塔祿看了一眼昏昏欲睡的達伊，悄悄的挪近靠在達伊背後，聽著屋外的風颳得窗戶嘎嘎作響，隱約中塔祿好像聽到芭蕉葉拍動的聲音，這讓他想起某天下午，教會的 apu（奶奶）跟他說的話。

塔祿陷入了那個在牛眠教會悶熱的午後。那天，他留下來幫忙後正要回家，聽

到幾個大人面色凝重的聚在一起，他依稀聽見小孩、心臟、麻油雞這幾個字詞。等到大人離開後，他問了在教會坐在他旁邊的apu。

「小孩子不要聽這些，晚上會做惡夢。」塔祿的好奇心戰勝了惡夢，apu拗不過就跟他說了，昨夜，部落一戶剛誕下新生兒的家庭，番婆鬼挖走小嬰孩的心臟吃了。

塔祿瞪大眼睛問：「apu，番婆鬼是什麼？」

apu彎下腰附在塔祿的耳邊悄聲說：「是學習黑巫術的人。」

apu說成為番婆鬼後，可以用巫術和貓互換眼睛，能在黑夜裡清楚看見事物，把芭蕉葉插在腋下就能飛行，經過的地方會颳起一陣強風。「最可怕的是，番婆鬼會吃小孩的心肝！」apu摸著塔祿背後接近心臟的位置，塔祿頓時毛骨悚然。「番婆鬼喜歡吃麻油雞，生完小孩的媽媽坐月子沒有煮麻油雞，番婆鬼就會吃掉小孩的心肝。」

「像昨天那戶被番婆鬼吃掉心肝的孩子，就是沒有煮麻油雞，也沒有把小孩放在懷裡抱好，等到發現孩子沒聲音了，翻過來看……天啊！才發現背後有黑色手印，那就代表番婆鬼吃掉心臟了。」塔祿的心臟突然跳得很快，apu的話讓他想起家中剛出生的弟弟。

塔祿默默記在心裡，跟apu道謝後，馬上趕回家，想要在還來得及之前，去提醒媽媽。

一聲悶雷將塔祿從回憶中驚醒，看見睡眼惺忪的達伊疑惑的望著他問：「塔祿，你怎麼還沒睡覺？」

塔祿將那日午後與apu的談話，和此刻心中不安的聯想告訴了達伊。

「為什麼那位apu後來願意跟你說番婆鬼的事啊？」達伊聽完後疑惑的問。

「因為我跟她說我們家弟弟出生了，她應該是想提醒我們。」塔祿回答。

「你怎麼可以告訴她，萬一她是番婆鬼怎麼辦？」達伊驚慌的抓著塔祿的手臂。

塔祿心裡一涼，他想起那天午後apu也說不能得罪村莊的人，因為你不會知道誰晚上會變成番婆鬼。

「達伊，我們去找媽媽……」塔祿心急的拉著達伊說，話才說到一半，突然窗子被風吹得哐啷作響。

番婆鬼來的時候會颳起強風，塔祿記得apu是這樣說的。

「媽媽抱著弟弟，心臟不會被吃掉的。」達伊看著塔祿害怕又難過的掉下了眼淚，「但我們一定會被吃掉，嗚嗚嗚……塔祿，我們該怎麼辦？」

看著哭得很傷心的達伊，塔祿有點後悔叫醒他，還跟他說了番婆鬼的事，現在番婆鬼真的來了，怎麼辦？

塔祿心裡忍不住想，達伊說得對，媽媽有了弟弟以後，就很少抱他和達伊了，難道弟弟出生後，他和達伊就不再重要了嗎？

塔祿閉上眼睛再用力睜開，在短短的時間裡，他在心中已做出了一個決定，塔祿連著被子一起緊緊抱住達伊。

「達伊別怕，我保護你，番婆鬼來了也不會吃掉你的！」

「嗚嗚嗚……塔祿，那你怎麼辦？」

塔祿也不知道該怎麼辦，他聽著窗外的風越來越大，像魔鬼尖銳的呼嘯，塔祿害怕的看向窗外，想著如果番婆鬼要吃心臟的話，那就吃掉我的吧，至少弟弟達伊不會死掉。就算沒有媽媽的保護，他也可以守護達伊。

塔祿的視線越過達伊，看見他背後的牆壁映照著芭蕉葉的影子，那影子像是一雙撐大的翅膀，掠過牆壁的盡頭。

就在風吹開的窗口，芭蕉葉的影子越來越近，塔祿看見一雙像貓一樣的眼睛，琥珀色的瞳孔正望向他。

在對望的那瞬間，塔祿用力閉起眼睛抱緊達伊，感受到身後的氣息越來越近，他咬緊牙根忍住將要出口的尖叫，感覺有一股力量離他越來越近，此刻的他像是將被捕食的豬仔，即將被一口吞掉。當感覺背後靠近心臟處被拍了一下，他猛然彈了起來。

「啊——啊——」塔祿全身劇烈顫抖的放聲大叫，但他還是用盡全力抱住達伊，兩人的叫聲大得驚破夜幕。

「你們兩個小鬼頭，半夜不睡覺在幹嘛？」

聽見熟悉的聲音，達伊從塔祿的懷裡探出頭來，像初生的小雞一樣怯生生的看著來人。

「媽？」達伊淚眼矇矓的看著媽媽，「番婆鬼差點吃掉我們！」

聽到達伊的聲音，塔祿小心翼翼的轉過頭看，真的是媽媽，沒有貓的眼睛，也

沒有插著芭蕉葉翅膀，太好了，不是番婆鬼。

「說什麼傻話呢？」媽媽低下身抱著塔祿和達伊。在媽媽抱入懷裡的時候，塔祿才真正放鬆下來，被番婆鬼吃掉心臟的恐懼也慢慢被撫平。

「媽媽，今晚讓我們跟妳一起睡好嗎？」達伊拉著媽媽的手小聲的撒嬌。

「真拿你沒辦法……」媽媽牽著塔祿和達伊的手走回臥房。

打開房門的時候，剛出生的弟弟躺在床上安詳的睡著，像是沒有聽見剛剛塔祿和達伊的叫喊。弟弟一直很安靜，安靜到讓塔祿內心深處萌生一個想法。

媽媽抱起弟弟，達伊躺上了床睡在媽媽身邊，而塔祿睡在達伊旁邊，在晦暗不明的月色裡，他好像看見媽媽懷中的弟弟背後……

有一個黑色的手印。

塔祿顫抖的緊緊牽起達伊的手，將頭深深埋進達伊身後，想盡快入睡當成是一場夢。

番婆鬼已經遠去了嗎？塔祿想到弟弟背後的黑色手印，心臟也像被掏空了……

【妖怪事件簿】

番婆鬼的故事大都是以耆老口述的形式流傳在南投埔里的平埔族噶哈巫部落。噶哈巫有四大部落，分別是牛眠山、守城份、大南、蜈蚣崙。若前往牛眠部落參加噶哈巫的過年，便有機會能在牛眠部落聽到當地耆老訴說關於番婆鬼的事。

噶哈巫族的族人會使用巫術，巫術只傳給家人，並不外傳。巫術有分白巫術和黑巫術，白巫術是可以用來治病、止血的治癒巫術；黑巫術則是用來害人。而番婆鬼是會黑巫術的人，有一說番婆鬼是女性，但也有男女都能成為番婆鬼的說法。

要成為番婆鬼必須付出很大的代價，下毒誓在「孤」（孤苦一生）、「貧」（不能有積蓄、穿破衣）、「夭」（無子無孫）中選一個換取力量，而代價也很可觀。

番婆鬼可以與貓交換眼睛，因此在黑夜中眼睛能發光看清事物，插上芭蕉葉就能飛行。有耆老形容番婆鬼來的時候像一陣風，也有形容番婆鬼會在夜晚化身三腳母豬，到別人家偷食物，不答應的話，還會作法讓人無法回家呢。

而噶哈巫的婦女也畏懼番婆鬼，番婆鬼喜歡吃麻油雞，婦女坐月子若沒有麻油雞，它就會吃小孩的心肝。它也喜歡有腥味的食物。所以婦女會把小孩抱在懷裡而不是背在身後，以防番婆鬼吃掉孩子的心肝。

但番婆鬼的動機也令人好奇，願意用一生的代價換來法力，是為了讓生活更好，還是血刃仇家，抑或只是喜歡吃小孩的器官呢？「成為番婆鬼」背後的動機每個人都不一樣，卻也無從得知。

到了現代，番婆鬼的傳說仍在噶哈巫部落流傳，耆老還能辨認出哪一位是番婆鬼。番婆鬼也代表了噶哈巫神祕的巫術文化，在噶哈巫可不能得罪人，因為你不會知道誰是番婆鬼，何時會遭到報復呢！

擅長變身的長毛巨人
阿里嘎該

從前從前，住在北方的阿美人過著和樂安詳的日子。

直到有一天，部落附近的美崙山上忽然來了一群自稱「阿里嘎該」的巨人。這些巨人有著像貓一樣的眼睛，像山丘一樣高大的身材，全身長滿像是雜草的長毛。他們擅長神奇的法術，只要拔下手上的毛一吹，就可以變成其他人的模樣；他們住在山洞裡，成天嬉戲，不時還會下山騷擾阿美人，犯下各種惡行。

他們會跑到部落，一手穿破房子的屋頂，手中夾著巨大的菸草捲，只為了叫裡頭的人替他們點菸。他們會趁著捕魚祭，部落的男人全都出門時，變身成丈夫的模樣，藉機侵犯婦女。不僅如此，他們還喜愛吃嬰兒的內臟。他們會化身母親的模樣，以餵奶為藉口，誘騙孩童將襁褓中的弟妹交給自己，等到真正的母親發現時，嬰孩的肚子早已被吃空、填滿稻草。

面對阿里嘎該引起的各種事故，身為頭目的馬讓非常憤怒。終於有一天，又一個母親抱著襁褓中冰冷、小小的遺體，在他面前哭得聲嘶力竭，他再也無法坐視不管。他召集其他部落的頭目，宣布隱藏許久的心聲。

「我們不該再繼續隱忍，應該立刻對阿里嘎該發起進攻！」

提議全數通過。於是，各個頭目挑選自己部落裡年齡階級[1]一、二級的菁英組成軍隊。在馬讓的領導下，阿美族各部落的戰士每天早上都要進行諸如：快跑、長跑、撐竿跳、射箭、刀術、摔角、擲石、拔河、負重競走……等等戰術訓練，這樣嚴格的訓練持續了好幾個月，終於，在馬讓與各部落頭目的頷首同意之下，軍隊的訓練正式完成。

一天上午，阿美人和阿里嘎該正式開戰。軍隊浩浩蕩蕩的來到美崙山腳下，遠遠就能看見阿里嘎該們龐大的身影。這些巨人似乎早就知道阿美人的來意，卻不逃跑也不進攻，只是站在原地，彼此交頭接耳，不時還傳來嘻笑聲。

阿里嘎該瞧不起人的模樣，令馬讓怒火中燒。

他左手一揮，軍隊便用彈弓射出萬千飛石，有如飛蝗過境；他右手一抬，軍隊便用弓箭射出萬千火箭，火焰交織成紅色的布，朝著阿里嘎該迎頭蓋去。然而，飛

1 阿美、撒奇萊雅等族特有的社會組織，男子在十四、五歲時加入，此後每二至五歲為一階級，同一階級的男子一起生活、工作與學習。

石落到阿里嘎該身上時，全都彈了開來，箭頭上的火焰到阿里嘎該身邊也全都熄滅，箭矢像是射到堅硬的巨石般裂成了無數碎片。只見巨人們各個手舞足蹈，在飛石和箭雨中跳起舞來。

「開什麼玩笑！」

馬讓生氣極了，「刷」一聲抽出腰間的佩刀。與此同時，阿美族的戰士們也跟著抽刀，金屬摩擦聲如漣漪般擴散，一時間刀光閃爍，如同夜裡繁星——

「今天，我們與阿里嘎該一決生死！」馬讓大吼。軍隊回應的吼聲有如雷鳴，響徹整座山頭。他身先士卒向前衝去，人潮有如浪濤般向巨人湧去。

面對阿美人傾盡全力的進攻，阿里嘎該依舊有恃無恐。對他們來說，阿美人就像腳邊亂竄的老鼠，巨人又怎麼會害怕區區的老鼠呢？幾個阿美人爬上高坡，用刀砍向阿里嘎該的脖子，一陣金屬交擊聲響起，佩刀都捲刃了，阿里嘎該卻是毫髮無傷。

阿美人的佩刀砍不進巨人石頭般的肌膚，反而他們只需要輕輕一彈指，阿美人便向後飛去，重重摔落地上，或死或傷。不用多久，已經沒剩多少阿美人還能站著了。馬讓知道，這場戰爭是他們輸了，他下令撤退，勉強救回半數軍隊。

敗戰之後，阿美人再也不敢提起進攻阿里嘎該的事。

然而，阿里嘎該仍舊不時下山騷擾阿美人。馬讓對此無能為力，內心十分痛苦，最終卸下了頭目的職位，離群索居。他隨處流浪，餓了就捕魚來吃，累了則倒頭就睡。他逃避著身為頭目的責任，卻始終沒有忘卻敗戰的恥辱。

有一天，馬讓在沙灘上休息，恍惚間，海潮聲越來越近，睜開眼，發覺自己已被海浪包圍。遠方，一群鯨魚破浪而出，朝著他游來。仔細看，最前方的那頭鯨魚上方坐了個人，那人身穿浪花織成的衣服，頭上戴著珊瑚做成的帽子，看來既高貴又優雅。他來到不知所措的馬讓面前，說：「我是海神卡費，勇敢的馬讓，別難過失意，你們與阿里嘎該的戰爭會輸，是因為用錯了方法。」

「我該怎麼做？」馬讓惶恐的說。

「他們不是一般人，害怕的自然也不是一般人會害怕的東西。」海神伸出手，放了一個東西到馬讓手中，「這叫作——『布隆』，是用芒草編成的法器，只要用這個東西，就能打敗阿里嘎該了。」

海潮的泡沫散去，那是一節用草編成、類似箭頭的東西。馬讓還想詢問更多，卻發現海神早已不見，海浪也恢復原狀。一睜開眼，才發現自己原來正在做夢。

海神的話語給了馬讓信心。他立刻回到部落，告知族人此事。突如其來的消息給了族人們久違的希望，阿美人全都振作起來，加緊趕工製作布隆，很快的，部落便擁有許多綁著布隆的箭矢。馬讓再次領軍來到美崙山下，怎知過去囂張跋扈的阿里嘎該，此刻竟害怕的跪地求饒——

「只要放過我們，我們答應永遠離開美崙山，回到東方的故鄉，再也不回來。」巨人們雙唇顫抖的說。

面對眼下的情況，馬讓猶豫了。他希望復仇，但榮譽感讓他無法對求饒的敵人下手。他和各部落的頭目商量，再三猶豫之後，最終決定放行。聽到這個消息，巨人感激的說：「感謝你們不計前嫌。這樣吧，我向你們保證，只要每年的這個時候，你們帶著檳榔、米酒和黏糕來此祭拜海神，來年便能豐收。」

於是，阿里嘎該詳細傳授阿美人祭祀的方法，確認阿美人都學會之後，才朝著東方涉水而去。神奇的是，明明海水那麼深，卻只淹到他們的腳踝。

從那之後，再也沒有阿里嘎該作祟的事情了。而忍辱負重的馬讓也成為了阿美人的英雄。

【妖怪事件簿】

「阿里嘎該」是流傳於阿美族與撒奇萊雅族的傳說，最早的紀錄可以追溯至日治時期。傳說，阿里嘎該是擅長使用法術的種族，他們皮膚白皙、身材高大、眼睛如貓、長髮長鬚，而且全身都是毛。不知道什麼時候搬遷到部落附近，剛開始還能和族人和平相處，但沒多久就發生一些奇怪的事。

大致的事件有三：第一是變成母親的模樣，誘騙背著妹妹的小女孩說要餵奶，卻偷偷吃掉嬰兒的內臟，填入稻草；第二是將白天變成黃昏，並變身丈夫的模樣返家，藉機侵犯妻子；第三是將手伸進民房，穿破屋頂，只為了要裡面的人替他點菸。

因為第二起事件，部落的婦女後來還生下有阿里嘎該血統的孩子，孩子和阿里嘎該一樣，有著白皙的皮膚和高大的身材。而第三起點菸的

故事也還有後續，後來族人預謀將阿里嘎該伸進的手用繩子套住，幾番拉扯之下，拉斷了阿里嘎該的手臂，但阿里嘎該一點也沒生氣，只是隨意拔起樹幹接合，便重新長出手來。

值得一提的是，文獻對於阿里嘎該外貌的描述，其實相當符合西方人的印象，甚至在某些口傳故事中，還曾採集到阿里嘎該「金髮碧眼」的說法。荷治時期，荷蘭人曾多次派人到臺灣東部尋找黃金，與東部的原住民合作或戰爭。很有可能，阿里嘎該的傳說，就是阿美人或撒奇萊雅人與當時登島的荷蘭人接觸發展而來。

向負心漢報仇的林投姐

「招娘啊，莫怪我這麼做。」

我混沌的腦海中只記得這句話，許多重疊的聲音混亂了我的感知，我搞不清楚到底是誰說的，或者是很多人都說了。

為什麼我總是被犧牲的那一方？

我穿梭在海邊的林投樹林中，林投樹尖銳的葉片劃破我的手腳和臉頰，刺痛感傳來，但心中的委屈比身體的傷更深刻。

——為什麼我的丈夫還不回家？

我相信他只是在處理生意上的問題而已，他終究會回來的。

——他早就拋棄妳了。

意識至此，命運猶如大槌將我的一生釘在海邊的林投樹上，我的名字就此被「林投姐」取代。

＊　＊　＊

「你是……」這是我們第一次見面吧，沒想到現在還有人想聽我的故事。

這不算是個很有趣的故事，結尾還有點血腥，你不介意的話，我就慢慢說下去。

我的丈夫是個商人，常在泉州與臺灣兩地來去，但在我們成親後幾年，危險的黑水溝吞噬了他。他過世時留下了一筆錢財，讓我和孩子們生活。

守寡的日子很漫長，一個女人要單獨照顧小孩不是件容易的事，娘家也不好回去，孤兒寡婦，所以後來才讓那個人有機可趁。

那個人的名字叫作周亞思，是丈夫的好友，他說丈夫死前曾經交代他要好好照顧我和孩子，所以有事沒事都會來我家走動。

他的聲音親切有禮，殷勤的關懷與體貼的照顧，讓頓失丈夫的我也不禁想依靠著他。畢竟在世上，比起孤身行走，有人為你擋風雨不是輕鬆很多嗎？

很自然的，我們後來便論及婚嫁，娘家也樂觀其成。即使寡婦能以守節、不再改嫁為榮譽，但在現實考量之下，軟弱的我仍再次披起了嫁衣，簡單的與那個人成親了。

成親後，周亞思彷彿變了一個人，總是盤算著要怎麼使用前夫留下來的財產。

的確，那筆錢用來經商是筆足夠的基金。我信任那個人，所以把前夫留下的錢全權交給他處理保管。

對，就像你知道的一樣，我錯得離譜。或許就是因為我太過軟弱，所以周亞思看準了我不會反抗，才會設下一連串的騙局。

那日，周亞思帶著全部財產要去廈門，我緊握著他的手送行，卻沒對他的行為起疑，而是全心全意的祈求他的旅途平安。

每日我都在海邊望著黑水溝對岸，心臟像是被揉攪過般糾結、等待著。廈門來回府城只需幾天時間，為什麼還不回來？

我害怕他的船是否已經在黑水溝上翻覆，他已葬身大海。

絕望瀰漫在我的心中，為什麼命運要玩弄我兩次，讓我以為可以再次找到能夠依靠的人，卻又拋下我？

很傻對吧？現在想想，當時的我似乎陷入了某種輪迴和自怨自艾中，讓委屈和不甘代替自己發言，就像是向下的螺旋，逃脫不出那一直困擾著我的不安全感。

過了好幾個月，我的經濟陷入困境，娘家也不願伸出援手。

所有的信任逐漸轉為心死。

直到那天清晨，天色半醒半睏之間。

我先掐死了孩子，因為若我先走了，不忍心看孩子在世上孤苦無依。

然後，我在林投樹上吊自殺，懷抱的怨恨讓我徘徊在死去的地方，無法離去。

娘家的人曾經來過，我看著他們把我從林投樹上解下來，卻沒有讓我回到娘家，與家裡的祖先們一起被祭拜。

——招娘啊，別怪我們不讓妳回家。他們說，嫁出去的女人是潑出去的水。沒說出口的是，自家女兒死了一個丈夫，又跑了一個，自縊死去那是丟臉到家了。

我在遠處的林投樹下抱著膝蓋，看著他們處理我的身體，然後冷眼送走了娘家的人。也好，至此一刀兩斷，互不相欠，只是虛幻的淚水仍不停滑落。

＊　＊　＊

後來林投樹林出現了很多傳言，像是有時我忘記自己不會肚子餓，所以拿錢去向路過的攤販買粽子，後來那些錢還莫名變成冥紙，嚇壞了賣肉粽的阿伯。或者有人看到披頭散髮的女人站在林投樹旁，可能上吊死掉的我不太好看吧，所以後來願意經過那片林投樹林的人就越來越少了。

嗯？你問我會後悔嗎？

其實在我吊上去的那當下，腦海中冒出一個問題：我若這樣死了，只是讓周亞思那負心漢在外逍遙而已，但轉念又痛苦的想，當時無力的我又能做什麼呢？如果注定我該命絕於此，我也只能接受。

只是沒想到死後也只能卡在這個地方，我還以為變成鬼就能自由移動，能夠報復負心漢。

不過命運的規畫總是出人意料之外，過了好幾年，我的不甘心終於讓我遇到機會。

那天有個算命仙路過林投樹林，我攔住了他，懇求著說：「我需要你的幫忙。」沒想到算命仙和那拋家棄子的周亞思是同鄉，他思考片刻後，嘆了口氣說這也是有緣，就將我收進傘中跟著他旅行。直到有一天他終於渡過黑水溝，回到泉州老家。

我終於見到許多年未見的那個人。他在泉州開了間商行，有了好妻子和孩子，用我前夫留下的那筆錢過得十分闊綽。

見到他的那刻，積累在心中的情緒瞬間爆發，憤怒、悲哀、氣憤席捲了我的思考。我露出尖利的指甲，掐住了他的咽喉。老天有眼，善惡有報，今天終於能幫自己斬去無謂的孽緣。

見到我讓周亞思發了瘋，我詛咒他自己殺了他在泉州的妻子和孩子，讓他也感受當年我被迫自殺時，不忍孩子孤身一人留在世上，讓孩子先走一步的痛苦。我詛咒他遍嘗孤獨滋味，最後寂寞身死。看著他滿手是血的跪倒在我面前，我心中突然產生了空虛感。

這就是復仇啊，一點也不大快人心，為什麼我覺得如此悲哀。

我無法反抗命運，也無法為自己多掙取些什麼，最後只成為以怨氣構成的鬼魂，無根的漂流在世界上。

＊　＊　＊

雖然命運引導我飄洋過海復仇，但也讓我度過了一段還算是清閒的日子。

告別算命仙回到府城後，我曾經幫過一個愛賭錢的人，後來他賺了一些錢，呼朋引伴幫我建了一座廟，就在今天的臺南市區，香火一度十分鼎盛呢，逢年過節還有布袋戲可看，被供奉的生活比起現在是非常愜意。

只是後來日本人走了，國民黨來了，因為都市規畫的關係，我的廟就這樣被剷平，記得那個角落曾經有座廟的人也越來越少了。

如果我在兩百年前就認清命運，乖乖當個寡婦，守寡一生，是否就可以成為一個歷史上沒沒無名、名叫陳招娘的女人。

或者在做完這些轟轟烈烈的事情後，以林投姐的名字被供奉、傳誦，也被當成恐怖故事述說。

接受命運的女人或者違抗命運的女人，我希望人們用什麼方式記得我呢？

到現在我都沒有答案。

說到頭來，你記得為什麼你會在這個地方聽我說話嗎？

你今天來見我，是辜負了誰，你還記得她的名字嗎？

即使隱沒在歷史之中，我背負的恨仍未平息。

為什麼人總是無法從錯誤中學習呢？

【妖怪事件簿】

清代府城三大奇案，包含「林投姐」、「陳守娘」及「呂祖廟燒金」。其中林投姐的故事充滿了戲劇性及驚悚色彩，早期可能以口傳歌謠為主，後來也被改編為戲劇和電影。在日治時期片岡巖撰寫的《臺灣風俗誌》中，提到林投姐是一位再嫁的寡婦，被渣男騙財騙色、拋家棄子，憤而自殺，冤魂在林投樹旁飄蕩，向肉粽小販買肉粽，事後錢變成冥紙。後來在各種改編版本中，如李獻章於一九三五年編著《臺灣民間文學集》、廖漢臣在一九五〇年代寫的〈林投姐〉，加入更多元素，完整了劇情，如林投姐遇見算命仙，讓算命仙收進傘裡，帶到泉州伺機向渣男報復，逼迫周亞思發瘋等橋段。還有林投姐幫助賭徒，所以賭徒為林投姐建廟的事蹟。

林投姐雖然是數百年前的故事，其實真有其人其事，在臺南府城

更曾經有林投姐廟的痕跡，信徒眾多，盛極一時，因為近年都市更新，廟宇的痕跡就這樣消失了。

被嫂嫂虐待的椅仔姑

三姑生命中的最後一天是這樣開始的。

清晨，太陽還未升起，三姑便張開了眼睛，準備幫家裡做早飯。她必須在嫂嫂醒來到廚房巡視之前完成，要是動作慢了，就會被嫂嫂懲罰。她昨晚就近睡在灶旁，不過地板堅硬難入睡，根本沒睡好。而且她好一段時間沒吃飽，時不時又會被嫂嫂責打。地板的寒氣、飢餓，還有痠痛，都讓她的四肢孱弱無力，不停顫抖，手腳想快也快不起來。

三姑艱難的把柴火丟進灶底，拿起打火石，伸長手敲了好幾下，終於落下一點火花，她趕緊拿起竹管，呼——呼——的朝那一點火星吹氣，可是她吹出來的風有氣無力，柴堆冒出了煙，卻遲遲燒不起來，她更用力的吹，卻只是讓自己的頭越來越重，眼前一黑，差點就要摔進灶裡頭。雖然才剛醒來，但她已經覺得好累，她真的必須去休息一下子，一下下就好，於是搖搖晃晃的爬到竹椅子上，坐著閉起了眼睛。

然後，她就這麼死了。

竹管「喀噠」一聲掉到地上，剛剛升起來的煙一下就散掉了。既然三姑已經死

了，也就拿熄滅的火沒辦法。三姑的魂有些哀怨的看了一眼灶，嘆了一口無聲的氣，隨後看向竹椅，頭一次從這個角度觀察自己的身體。她的身體好小，皮膚慘白，頭髮散亂，臉頰凹陷，緊閉的眼睛下有深深的黑眼圈，嘴唇又薄又沒有血色。她身上的粗布衣服鬆垮垮的；光裸的纖細臂膀和小腿上不但有瘀青，還夾雜著新舊傷口和疤痕。衣服遮住的單薄肩膀和可見肋骨的瘦弱身體上還有更多痕跡，只是那些她洗澡的時候看多了，如今實在沒有興致一一複習。

對於自己的死亡，三姑只有一點點驚訝而已。本來她也是備受疼愛的小女兒，只是父母死後，她只能和哥哥一起生活，但嫂嫂不喜歡她。嫂嫂使喚她做各種家事，要她燒柴做飯，要她到井邊提水，要她打掃房屋內外……再因為她煮飯太慢，提不動水桶，擦不到櫥櫃上的灰塵而打她、罵她。不論那些事對年僅三歲的她來說，是否太過繁重。她吃不飽，因為嫂嫂總嫌她吃太多；她穿不暖，因為嫂嫂說她不用穿那麼好。三姑不只一次想：她快死了，而今天，她真的死了。

死掉的三姑，一時不知該何去何從，只是愣愣的待在她的身體旁邊，站了好一會兒。當四周的光線漸漸變亮，她聽見腳步聲，知道是嫂嫂起床了，她的魂在竹椅旁邊扭了扭，看著嫂嫂走進廚房。嫂嫂發現本來應該要燒得正旺的灶靜悄悄的，而三姑的身體在竹椅上，一動也不動，於是她變了臉色，扠著腰俯身向竹椅，對著三姑咧開嘴。

「給我起來！都什麼時間了，該做的事情都沒做，竟然還在睡覺？」

嫂嫂嚴厲的聲音不特別大，不會驚動哥哥來廚房查看情況，但總是足以讓三姑全身發抖。要是以前，三姑聽見這聲音就會嚇得從椅子上摔下來，低頭向嫂嫂哀求，繃緊皮迎接無論如何還是會落下的巴掌。但此刻，三姑的身體毫無動靜，而她的魂站在一旁，只是歪著頭，看著嫂嫂徒勞無功的發怒。

「快起來！」

嫂嫂又喊，但竹椅上小小的身體一點反應也沒有。嫂嫂氣得揮了一拳在三姑手臂上，再伸手一把抓起三姑的手腕，扯著她大力搖。三姑的脖子一晃，身體一歪，從竹椅滑到地上，頭在泥地重重敲了一下，發出好大一聲「叩」。三姑的魂見狀眨眨眼，儘管她已經感覺不到那具身體了，還是忍不住說了一聲：「噢。」

而嫂嫂倒抽一口氣，凍結在原地，終於發現有些不對，她緩緩彎下腰，再次伸手，小心翼翼推了推三姑的肩膀，喊了幾聲：「喂！喂！」接著，才終於想到應該把手探到三姑的鼻子底下。幾秒之後，她抽回自己的手，跳起來倒退了好幾步。

「死了……？」

嫂嫂喃喃自語，三姑的魂在一旁說了聲：「對啊。」嫂嫂心虛的望了望四周，又迅速回頭瞄了廚房門口一眼，才轉頭回來，絞著手，咬著嘴唇，看著三姑癱在地上的身體。

「怎麼這麼麻煩……」嫂嫂說，她匆匆走回房間，確認哥哥仍睡得安詳，才又靜悄悄回到廚房，拖著三姑的身體，躡手躡腳從後門溜出了房子。

三姑的魂眼見嫂嫂拖著她的身體到了豬圈後面，那裡的泥土潮溼又厚重，嫂嫂花了一點時間挖出一凹長坑，把三姑的身體拋進去，重新填滿土，還在上頭踏了好幾下，希望沒人看得出異狀。三姑的魂搖頭嘆氣，而嫂嫂突然抬頭，環顧四處，緊張的看了一眼哼哼唧唧的豬仔，之後才躡手躡腳的回到屋子裡。

嫂嫂不情願的開始張羅早餐。三姑的魂也跟著回到了廚房，她看著剛才還放著她身體的竹椅，想了想，坐了上去，盯著生火的嫂嫂。嫂嫂不時回頭望向竹椅，眉頭不知怎麼的越皺越緊。哥哥起床的時候，嫂嫂還在廚房裡，鍋碗瓢盆在她手裡乒乓作響，哥哥探頭進廚房開口說話時，她看來嚇了一大跳。

「三姑呢？」

「不知道啊，我一早起來就沒看到她了，家事都沒做，不知道跑去哪裡？」嫂嫂說，擦了擦額頭上的汗。

「這就奇怪了……」

哥哥皺眉，有些狐疑的走進廚房看了看，嫂嫂在一旁攪著粥，心神不寧。哥哥看了看柴堆，看了看灶，最後看了看竹椅。三姑的魂從椅子上起來，跑到哥哥面前，乖巧的喊了一聲：「哥。」但哥哥只是搔搔頭，又看向別處，倒是嫂嫂，突然失手摔掉了手裡的勺子。

「怎麼了？」

「沒……沒什麼……」

哥哥走出了廚房，嫂嫂緊緊跟在後面，像是不敢自己待在廚房裡一樣。三姑的魂坐回竹椅上，再次嘆了一口氣。此刻從窗戶吹進來一陣風，那陣風寂靜無聲，嫂嫂卻嚇到似的回過頭來，直直看向搖動的竹椅，看向三姑所在的地方，她應該什麼也沒看到，但三姑看到嫂嫂的臉「唰」的變白了，表情也忽然變得驚恐無比。三姑歪頭，不解為什麼嫂嫂會開始尖叫，跌坐在地板上，一面哭喊，一面用顫抖的四肢狼狽爬離廚房，哥哥在旁連聲詢問，安撫了好久，哭叫聲都沒有停下。

廚房裡，風仍在吹，竹椅仍在搖，而三姑在竹椅上坐著，只是坐著。

【妖怪事件簿】

椅仔姑是死在竹椅上的小女孩，生前被百般虐待，死後屍體還被草草掩埋在豬圈，無人奉祀。因為椅仔姑是在椅子上過世的，所以大家將椅子當作降靈的道具，儀式也因此得名。相似的儀式還有盛行於鹿港的「籃子姑」，儀式的流程相似，就連背景故事也和椅仔姑幾乎如出一轍，只是請神時，改用籃子當作讓神靈憑依的道具。

關椅仔姑的儀式只限未婚少女參與，通常在農曆八月十五日的中秋節夜晚進行。開始前，需準備一張竹椅，在竹椅上放置畫了臉的飯勺，蓋上紅布，將椅子扮成像是女孩子的樣子，還要準備鮮花、胭脂、水果、剪刀等供品，放在椅前倒放的水桶上頭。準備就緒後，先由兩名少女扶著椅腳，接著參與的成員一起唱著請神的歌謠，召喚椅仔姑，「椅仔姑，椅仔姐，請汝姑姑來坐椅……」如果椅仔姑成功降臨，椅子就會變重，並且開始自動搖晃著，這時，在場的人就可以開始向椅仔姑發問，而椅仔姑會以椅子敲擊地板或水桶的次數來回答問題。

儀式事前準備的道具以及請神時念唱的歌謠，依地區不同，會有不一樣的版本，相同的地方在於——關椅仔姑的過程中，絕對不能說出「嫂嫂」兩個字，否則請神就會失敗。這是由於椅仔姑是遭嫂嫂虐待而死的，所以一聽到有人喊出「嫂嫂」，就會馬上離開，椅子也會回歸靜止不動。

行船人的惡夢
娶尿婆

海的對面有什麼？

阿平時常站在村外的沙灘上往海眺望，一邊想像著。

阿平的家鄉靠海，看天吃飯，缺水田地難耕種，旱澇全看天公伯的心情。荒年時，村裡的男人多數都離鄉上船討生活。有時候遠洋回來的大人，在其他人的羨慕眼光中高談闊論，說跨越波濤洶湧的黑水溝有多凶險，談起對岸港口的繁榮更是津津樂道。

阿平的屘（ㄇㄢ）叔（家中排行最小的叔叔）剛成年就隨著商船跑跳，每次出海回來後，總會被阿平糾纏著想聽他冒險的經歷。福建的泉州、廈門、惠安……還有南洋的巴達維亞、柔佛、麻六甲、萬丹，音調陌生的地名，說著異國語言、深膚濃眉的異鄉人，都讓阿平嚮往不已。但有時屘叔似乎想到了什麼事，神情突然變得陰鬱，之後任阿平怎麼煩他，他都像緊閉的蛤蜊殼般再也不多談。

當阿平滿十六歲終於和屘叔一起踏上往南方的船時，他把手放在心口的位置，感受心臟躍動的節奏。雖然離開了阿爸和阿母，但能夠走出令人窒息的小村子，卻也讓他興奮不已，連熟悉的海風都帶著特別的氣味，那或許就是自由的味道吧！

跟著商船越過風大浪高的黑水溝，抵達對岸的廈門，屘叔帶著阿平再登上往南洋的商船。

＊　＊　＊

屘叔的身手矯健，在船上擔任「阿班」的職位，身為一名「阿班」，需要登上桅杆最高處，因應風的來向調整船隻的航行方向，是個難度很高的職位。雖然阿平是船上年紀最小的船員，細瘦的手臂比不上船上大哥的粗壯有力，一開始只能從打掃艙房開始做起，但他不怕高，在桅杆上來去如獼猴般敏捷，視力也好，後來被船長笑說他和屘叔果然是一家人，就將夜晚的瞭望輪班交給他。

海上的風景瞬息萬變，近黃昏時橙黃色的夕陽像顆蛋黃，迅速沒入海中，天與海的交界消逝，平緩的波浪映著太陽殘存的火光。或者是毫無月光的夜晚，布幕般的黑暗籠罩，失去視覺的同時，只聽見船向前航行時木頭摩擦的嘰嘎聲、風吹著船帆鼓動的細微聲響，還有藏在黑暗中看不見卻存在於周圍的浪潮拍打聲。

今晚阿平值夜，海洋難得平靜，微風撐起船帆，月光星點灑落天空中，阿平看見有一個巨大黝黑的身軀半浮於海平面上，從遠方看來只像根粗木，直到如噴泉般噴出的霧氣遮蔽了月光。

「哇，㕑叔，你快看那個是什麼？」阿平蹦跳的指著遠方的巨大浮木，雖然十六歲已經算大人了，有時候還是掩不住少年心性。

「那個叫作海翁（鯨魚的閩南語稱呼）。」今晚剛好輪到㕑叔和阿平一起排班，㕑叔悠閒的坐在搖晃的桅杆上。「我想到，以前有個女人聽了我說的故事後，也喜歡上海翁這種生物。」

「㕑叔說啦，那個女人是誰？發生了什麼事？」阿平難得聽到㕑叔談起過去的事，糾纏著要他說清楚。

「說出來你別見笑……我在泉州曾經有個喜歡的女人，因為常常兩地分離，我很想念她。夜晚的海洋波光，就像她漆黑的長髮，當一束頭髮被撩起，就像水一樣從指尖流下。」

㕑叔遙望漆黑的大海，眼神迷茫的說著。

「阿平有喜歡的女人嗎？」

聽瓩叔一問，阿平臉色突然變得赭紅，猛的搖頭。

「哈哈，阿平晚一點理解這種事也好。因為我想跟她隨時隨地在一起，不想分開，有一次就帶她上船要一起回臺灣。」瓩叔的神色一黯，「雖然船長同意了，但其他船員很不友善，可能是嫉妒吧。甚至在我沒看到的地方，船上的人騷擾欺負她。就在這樣乾淨清澈的夜晚，她跳海自殺了。」

「我沒能阻止這件事，永遠壓在這裡。」瓩叔的食指頂著自己的胸口，「悶悶的，很痛。」

「我一直想有沒有可能再見到她，在海上，什麼事情都有可能發生……」

＊　＊　＊

當兩人談話時，阿平看到遙遠的海的一端有什麼在微微發亮，搖曳有如鬼火，似乎正往船隻高速移動而來。

當鬼火靠近時，阿平才發現有異狀，卻已經來不及警告其他人。

那團白色的火焰有著女人的形貌，背後生翅。她倏的降落在桅杆最頂端，隨之而來的大雨如瀑布般傾瀉而下，海洋霎時一反原來的平靜無波，駭人的海浪一波一波襲來，重擊著這艘商船。

「那是娶尿婆！」不知道是哪個值班的船員大喊。

阿平緊抱著搖擺不定的桅杆，不敢抬頭看那妖怪，喊著：「屘叔救命……」

卻只見屘叔穩穩站在桅杆上，瞪大了眼看著矗立在桅杆上的怪物，喃喃開口：「是妳嗎？」

被稱為「娶尿婆」的妖怪發出尖嘯聲，死盯著屘叔。娶尿婆外表看似美麗女子，此時的表情卻十分扭曲，帶著強烈的恨意。

屘叔揪著臉，語氣充滿驚恐與痛苦，大雨不停的落在他身上，「蔡阿娘啊，妳離開吧。我當時不該帶妳上船的，都是我的責任。」阿平第一次看見男人也會那般哭泣，更是嚇得不敢移動。

船長從船艙匆匆忙忙的拿香和金紙出來，死命的點燃火摺（以前的點火工具），卻被一波打來的海浪搖得踉蹌。

「夭壽骨啊，再鬧船要沉了啊！」船長脫下溼透的上衣，對著桅杆上的娶尿婆

大罵髒話。娶尿婆原本只注視著屁叔，轉頭往下瞪了一眼，看見裸身的船長，她齜牙咧嘴的對船長發出吼聲，好似被冒犯了不大舒服一般。

「我不是故意的，我後悔了。」屁叔露出哭得很醜的笑容，對著娶尿婆說：「要報仇儘管衝著我來，不要害阿平和其他人。」

此時，化為鬼怪的女子咧開血紅嘴唇一笑，娶尿婆向下俯衝，雙手張成箕（ㄐㄧ）狀，對屁叔直撲而去。

「屁叔！屁叔！趕快逃啊！」阿平掛在桅杆上，船隻被劇烈的波浪打得東倒西歪，他也跟著搖來晃去。只見桅杆上的屁叔雙手張開，迎接著對方的擁抱——如果那算是個擁抱。屁叔緊緊扯住娶尿婆的飄飄白衣，兩人往下墜落入海。

在狂暴的大浪中，屁叔和娶尿婆白色的身影轉瞬淹沒。

娶尿婆消失後，上一秒仍暴怒著想打翻船隻的海洋，下一秒像是沒事般恢復平靜，就好像娶尿婆從未出現過。

這時船員們才從船艙中爬出來，為保住性命而歡呼，對不幸殞命的屁叔默哀。

在桅杆上目睹一切的阿平，被急轉直下的事件發展弄得連哭泣都忘了，只是呆

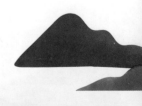

呆傻傻的望著巵叔消失的海洋，直到三天後，商船抵達了南洋的麻六甲。

經過那起意外後，阿平彷彿長了十歲，他向船長說想成為不輸巵叔的阿班，從此展開了航海生涯。

「巵叔保佑我吧。」他在心中輕輕說：「我也要像你一樣厲害，如果能夠再遇見你的話，也會讓你感到驕傲。」

但他再也不曾遇上巵叔和娶尿婆。

【妖怪事件簿】

娶尿婆又稱𤆬（閩南語，讀作 tshuā）尿婆、尿婆。東亞的貿易與遷徙都得靠海路連結，海上突如其來的暴雨、極端天氣、船難等等，可能幻化為妖怪的想像，也因此海上的怪談就更多了。在十八世紀王大海所記述《海島逸志》中，寫著他前往南洋的所見所聞，其中即提到尿婆傳說，傳說範圍直到越南、馬來西亞都有其蹤影。娶尿婆是一種形若婦人的妖怪，具有翅膀，當她出現時會降下大雨直到淹沒船隻，若要驅逐她的話，要派阿班爬上桅杆對她罵髒話、裸上身，或是點香燒金紙才能趕走她。為什麼被稱為娶尿婆，「娶尿」或「𤆬尿」是閩南語的撒尿之意，有另一個說法就是她飛行到船上後，會開始撒尿，尿液就像豪雨一樣落在船上，將船隻弄沉。

娶尿婆傳說的版本很多，在日治時期的文獻中，提到臺灣人的船幽靈就叫作娶尿婆，而娶尿婆的來歷有著意外淒美的故事，接近我們所說的這個版本。故事中提到船上的「阿班」與一位女性兩情相悅，因不捨分離，向船長取得同意，兩人能夠一起待在船上。只是船上的人嫉妒兩人的感情，對女子惡罵嘲笑，於是在一個月明的夜晚，女子跳海自殺，留下了全船人不得好死的詛咒。後來，在船隻歸途中，遭遇了美麗的船幽靈，從此沉沒在海中，阿班則不知去向。

和天一樣高的長腿精靈
沙勞

幾年前，我患了懼高症。

小時候我是不怕高的，甚至很喜歡爬樹。每次爬到樹上，看向遠方的山與雲，知道自己比任何人看得都遠，我就洋洋得意。長大後，我愛上了登山，等適應了山上的種種變化，我開始挑戰高聳危險的路線，那種走錯一步就會掉進溪谷的恐怖感，反而煽動我冒險的熱情；我從來不怕高。

但從某個時刻起，與地面的距離開始讓我恐懼，甚至三、四樓的高度就會令我害怕，這是過去的我根本無法想像的！雖然我知道害我變成這樣的罪魁禍首是什麼，但我不能說，說了也沒人相信。

會患上懼高症，是因為我遇上的山難——老實說，那本來不會變成山難的。當時我雖然進度落後，也只是稍微偏離預估的路線，很快就回到了路線上，可是我因落後而不安，眼見天色越來越暗，卻還沒看到晚上要住的山莊，忍不住加快速度，不小心滑倒，摔進了山坡樹林中，背包被樹枝鉤住。我就像卡通人物一樣吊在半空，用力掙扎，這真是登山以來最慘的一次了。

但在樹上時，我總算看到了目的地，也就是今晚過夜的山莊；這讓我鬆了口氣。接下來，只要擺脫這棵樹，爬上山坡，回到正道上就沒問題了。然而事情卻朝著極為詭異的方向發展。

在我掙扎時，突然聽見森林裡傳來聲響，就像巨大的野獸在林間前進。不只聲音，彷彿那巨大的東西撥開了整座森林。我嚇到不敢動彈，也不敢呼吸，那時天色已經很暗了，但我還是能看到那東西在一重又一重的樹木剪影中現身，它就像是棵會走路的樹，本來聽聲音，我還以為是熊，但熊不可能這麼高！接著某個東西像老鷹般衝到我身邊，仔細一看，居然是巨大的手掌！那隻手輕輕鬆鬆把我抓起來，我忍不住發出尖叫，但在深山之中，我們普通人的叫聲實在太過渺小了……

我嚇到無法思考。那東西到底是什麼？為何抓住我？下一瞬間，那東西居然站起來——它比整片樹林還要高！剛剛它只是蹲著，站起來後，那些挺拔的巨木只到它的膝蓋而已！

是巨人！但不是普通的巨人。雖然天色很暗，只能隱約看到它的輪廓，但它的身體比例跟我們人類不同，非常細瘦，像竹節蟲那樣，就連抓著我的手，都像是五根枯樹枝，脆弱到什麼時候斷掉都不奇怪。

它的力量很大，把我拉起來的時候，就像是機械手臂抓著我，完全無法抵抗。巨大的怪物開始行走，隨著腳步，它的雙手也跟著擺動，我被它抓在手中，就像在玩遊樂園裡最驚悚的設備，從空中的這裡丟到那裡，不同的只是沒有任何安全裝置！要是那個怪物放手，我立刻就會掉到地面上！

於是我在半空中尖叫，直到喪失意識。接下來的事都記不得了，回過神來，搜救隊已經發現我。據說發現我的地方在一個瀑布上面，距離失蹤的地方有三十公里之遠，媒體積極報導這件事，說是離奇的山難，但要是沒被怪異的巨人帶走，我本來可以平安脫困的！但網路上有人批評我浪費國家資源，所以我也不敢說都是巨人害的，怕被當成神經病。

在那之後，我就開始怕高了。每次到稍微高一點的地方，我都會想到那個黃昏，我被怪物拎在手裡丟過來晃過去的惡夢。但我不甘心，不甘心就這樣一輩子怕高！也不甘心明明是被怪物帶走，卻無法向任何人說明；於是我決定追查怪物，只要能證明它的存在，就能釐清發生在我身上的事了吧？我繼續登山，甚至是瘋狂的衝進山中，尋找怪物的蹤跡，同時也強迫自己從高的地方往下看，為了克服懼高症……

這段期間，我聽說了那怪物的傳說。

在東部的阿美族之間，似乎卑南、撒奇萊雅族也流傳過，有個會讓人迷路的怪物，稱為「沙勞」。雖然聽起來跟魔神仔有點像，但沙勞有個截然不同的特徵：據說非常高，甚至跟天一樣高——那不正是我看到的怪物嗎？

雖然知道了怪物的真面目，卻不知道沙勞平常藏在哪裡？什麼時候出來？更不知道如何抓到它。但我始終不放棄，走遍所有山路，甚至在登山這個圈子裡闖出了點名聲；比較親密的山友知道我在找沙勞，有些人嗤之以鼻，也有人說會放在心上。就這樣，終於有位山友告訴我，他好像看見沙勞了。意外的是，他不是在登山時看見的。

那時他正在東部的高地玩滑翔傘——那是一種有點像降落傘，但可以控制方向的運動——他在空中滑翔時，視線瞥到有個巨大的影子穿進山裡，彎腰鑽到叢林中。他嚇了一跳，差點無法控制方向；據他說，有這麼一瞬間，他想朝沙勞潛進的森林滑去，但恐懼感讓他放棄了。更何況，那個距離也滑不過去，若是降落失敗，掛在樹上，那就完蛋了。

我到了朋友說的那座山，往來了好幾次，都沒發現沙勞的蹤跡；沒辦法，只好跟他一樣，試著用滑翔傘在空中飛，看能不能找到沙勞的藏身之處，但因為懼高症還沒治好，光是從出發的高地往下看，就足以讓我雙腳發抖，更別說背著滑翔傘跳出去。

我不甘心，無論如何都想找到沙勞存在的證據！那怪物彷彿讓我著了魔，要是不找到沙勞，那個黃昏的惡夢或許會變成不知是真是假的鬼魅（ㄇㄟˋ），永遠糾纏著我吧？但只要找到沙勞，我就沒有必要繼續追尋它了，我不是要把它的存在公諸於世，只是想證明那場不可思議的經歷不是精神異常！

於是我不斷逼自己到更高的地方，甚至強迫自己高空彈跳，最後總算背上滑翔傘，準備從高地出發，我兩手抓著操縱系統，看向遠方，從沒想過有一天必須讓自己的雙腳離開地面。

強勁的風撲面而來，我朝虛空踏出一步，控制滑翔傘接近沙勞消失的森林。就算滑翔傘掛在樹上也沒關係，就算在完全沒有道路的荒山迷路也沒關係，我想盡可

能接近曾經目擊沙勞的位置。有這種想法的我或許已經瘋了，但那怪物就是有讓人為之瘋狂的力量，我想知道它到底是什麼，它在那一天，是怎麼帶著我來到三十公里之外的？我甚至想知道它為何要抓我。

森林越來越近。一個瘦長的身影像煙霧般從森林間冒出來，是沙勞！我終於見到它了！它果然存在！我直直的朝那怪物飛去，忍不住在空中大笑；為何我笑得這麼開心？我也不懂。明明那怪物就在眼前，應該是值得恐懼的事啊！明明是白天，那怪物的身形卻模糊不清，但我能感覺到它正看著我，我們的視線是朝向彼此的。

那怪物似乎露出了笑容。其實我看不清它的表情，但我就是這樣覺得。沙勞伸出手，就像活著的枯樹張開蒼白的樹枝，它就是這麼巨大，那隻手轉眼就到我面前，抓住了我。我在它的手掌中繼續狂笑，滑翔傘垂了下來，遮住天空，遮住我的視線。

我終於什麼都看不清了。

【妖怪事件簿】

阿美族將沙勞念作 Saraw 或 Caraw，撒奇萊雅族後稱作 Salasalaw。沙勞最早在日治時期的文獻便已提及，流傳在卑南族間，稱為 Saraw。沙勞這種怪物能把人拐到奇怪的地方，像刺竹林之間，或把人吊在樹上，或是引導到水邊。根據日治時期文獻的說法，它會從背後遮住人的眼睛，讓人無法判斷方向。也有沙勞誘拐兒童的傳說，阿美族裡有項禁忌，就是孩童晚上不能在戶外吃飯，因為會被沙勞抓走。

現代仍流傳著「沙勞很高」的說法，有些人稱它為「長腿的精靈」，有些人說「就跟漢人的七爺一樣高」（七爺身高約為四百六十多公分），單純這樣聽，或許不覺得有多高，但日治時期的文獻中，可是說沙勞跟天空一樣高的。

據說過去卑南人認為沙勞會在刺桐花開的時節出現，因此在相應的時節會舉辦儀式來除穢。

牽人失蹤的魔神仔

森林裡，小安張開手，雙手交握摀在嘴巴前，用力閉上眼，憋住氣，將自己縮到最小最小。「你看不見我、你看不見我……」他就像在念咒語，彷彿這樣做能讓自己隱形，讓樹叢長出手腳遮蓋住他，讓這裡變成迷宮，他則成為迷宮裡最不為人所注意的小石頭。

然而，腳步聲一陣陣傳來，踏著落葉、枯枝、碎石，發出「嘎啦嘎啦」的聲音，滿山蟲鳴鳥叫都無法掩蓋，而那聲音越來越近。

小安越來越緊張，但他閉著眼睛，什麼都看不到，只能祈禱自己藏得很好。這座森林像山洞一樣幽暗，任何人都不該進來，但他現在不只在這裡，還躲開了那些尋找他的人……

腳步聲就在旁邊。

「小安！」

一隻孔武有力的手將小安從樹叢中拉了出來，小安發出驚叫，那個人卻用力吼他，「總算找到你了，別太過分了啊！大家都很擔心你！」

「老師，放開我啦！」小安用力掙扎。

「不行，乖乖跟我回去，你有沒有想過，要是你跟你哥一樣出事，你爸媽會怎麼想？」

「我就是要去找哥哥啊！」

「這種事交給大人去做！你給我回家！」

小安哭喪著臉，什麼都沒說，但在心情上，他是不同意的。

——小安的哥哥在山裡失蹤了。

大人向來禁止小孩來這座山，因為山上有魔神仔，會帶走小孩；但幾天前，小安和哥哥小宏跟著一隻貓鑽進山上，那隻貓就像在引導他們一樣，陪他們玩一會兒，又走向更深的地方，途中還出現更多的貓，牠們都不怕人，等回過神來，兩人已走得太深，幸好天色還沒暗，他們連忙下山。這時，小安卻發現鑰匙串掉了。

「怎麼辦？這樣回不了家！」小安慌張的說。

「沒關係啦，我也有鑰匙啊。」小宏拿出鑰匙晃了晃。

「但我腳踏車的鑰匙也在上面，家裡沒有備用的吔！」小安說。其實這是微不足道的小事，一定有辦法解決的，但對年紀還小的小安來說，卻是非常嚴重，有如天崩地裂。

「好吧，我們回去找。」小宏拉著小安的手回到山上。太陽越來越西斜，但兩人光顧著找東西，渾然不覺。就在天色變暗、黑影籠罩整個山林時，哥哥突然不見了；那是轉眼間的事，就像哥哥遭黑影吞沒，融成黑影的一部分。小安慌張的哭出來，嚇跑了山上的鳥獸，但有些東西沒被嚇跑，反而被小安的哭聲吸引過來。

是大人。有大人拿著手電筒過來。

小安立刻被送下山，小宏卻消失在山上，誰也沒找到他。據說那個晚上，警察跟住在山腳下的居民都幫忙找，他們說小宏很可能是魔神仔帶走的，所以上山要敲鑼打鼓，還要放鞭炮，嚇跑魔神仔，還要小安的爸媽去城隍廟請示。

然而，經過兩天，小宏還是沒回來。

小安覺得都是他的錯。被帶下山時，他太慌張了，只顧著哭，卻忘了跟大人說哥哥還在山上，是他將哥哥留在山上的。所以一直堅持要上山幫忙找，他相信，如果由當時跟哥哥在一起的自己去找的話，一定能找到哥哥，但大人嚴厲禁止他上山，根本不近人情，所以小安才會在上課時間偷偷溜到山上，他沒想到老師居然會上山找他。

沒辦法了，被老師抓到，小安只得乖乖跟在老師身後。

「老師，拜託你，讓我去找哥哥嘛！不然的話，你跟我一起找啊。」

「不行。」

「拜託啦——」

「不行！你閉上嘴乖乖跟我走。」

老師比平常更冷酷，小安感到無奈。為什麼大人都不懂？為什麼他們都不讓自己去找哥哥？但比起這個，小安更感到害怕，下山後，老師一定會跟爸媽告狀，到時候爸媽會多生氣？他們會不會拿出藤條，把自己痛打一頓？光想到這些，小安就渾身發抖。

這時，他突然意識到這條路不像是下山的路。

他不是走這條路上來的，那就算了，但他們還不是往下走，而是往上，不只如此，甚至越走越偏僻，仔細一看，那已經不算是路了。

「老師，下山是走這裡嗎？」小安問。老師頭也不回，只是重複剛剛那句話：

「你閉上嘴乖乖跟我走。」

「可是，這裡——」

「你閉上嘴乖乖跟我走。」

老師就像機器人一樣，這讓小安毛骨悚然。仔細一想，他真的是老師嗎？小安想起哥哥是被魔神仔帶走的傳聞，據說魔神仔能幻化成別人，難道老師不是老師，而是魔神仔？

小安忍不住停下腳步。奇怪的是，老師明明沒回頭，怎麼知道自己停了下來，因為，他也停下腳步了——

小安害怕的後退，這時，老師居然頭也不回，就這樣保持同樣距離的後退，像用飄的一樣；小安用力發出尖叫，轉身就逃。「是魔神仔，是魔神仔！魔神仔變成老師的樣子來騙他了！」

少年像被猛獸追趕一樣，雖然不敢回頭，但在小安的想像中，老師正在追趕他，而且是背對著他，以人類無法做到的姿態在追他！怎麼會這樣？明明是大白天，怎麼會遇上魔神仔？小安並不知道，魔神仔這種不可思議、千變萬化的鬼怪，即使是日正當中也能出沒，沒什麼能限制它！

小安光顧著跑，根本沒注意朝向哪裡去，很快便失去方向，就像整個天地都在旋轉一般。「會被抓走，會被怪物抓走！」即使皮膚被山中尖銳的雜草割傷，腳也因為過度運動而痠痛，小安都害怕到停不下來，他的心跳劇烈到有如砲彈落地一般。

「小安！」

突然路邊伸出一隻手抓住他，小安嚇得大叫。

「噓！噓！是我啊！」

小安定睛一看，這不是哥哥小宏嗎？恐怖感、興奮、安心，好幾種複雜的情緒同時闖進他的心裡，讓他忍不住放聲大哭。小宏連忙拍著他的背安慰他，「別哭，別哭，這樣會把魔神仔引過來的。」

少年努力忍著自己的哭泣，好不容易壓住聲音，眼淚和鼻涕卻流個不停；稍微冷靜下來後，小安心中不禁浮出一些疑問。

「哥哥，你還好嗎？不會餓嗎？山上又沒東西吃……」

「我這幾天都在躲魔神仔，下不了山，不過……」小宏露出得意的笑，「我在山上找到東西吃了。來，小安，跟我來，只要有這些食物，我們要在山上待多久都沒問題！」

「我不要吃東西，我要下山。」

「別這麼說嘛，難道你不餓嗎？」

小宏這麼說，小安確實也覺得自己餓了。他點點頭，小宏便拉著他走。他們撥開草叢，朝著荒煙蔓草的最深處前進。沒多久，小安眼前出現了一間房子——那是他見過最不可思議的房屋。

是一間糖果屋！

這不是童話故事的糖果屋嗎？小安從來沒想過會在現實中見到，為何山裡有這樣的房子？還沒走到屋前，他就聞到了濃烈的甜香，屋頂的每一塊瓦片都是半透明的糖果做成，好像寶石，每一方磚頭都是餅乾，並用糖霜堆砌成牆壁，還因為糖霜太多流出來，凝結成雪——不，與其說是雪，更像是白色的蜂蜜吧！

「這幾天我吃掉了一張麵包做成的桌子，你也來吃吧！」小宏說。他打開門，

裡頭果然有著各式各樣的食物，還有甜點、布丁、果凍，全都散發著誘惑人的味道，這下小安真的覺得肚子餓了。

「來，給你。」小宏撕下椅子的腳，竟是鬆軟的麵包，內餡還是卡士達醬！小安乖乖接過，嘗了一口，衝入腦中的甜味讓他猛然清醒過來，他從來沒有這麼愉悅、舒暢過，難怪哥哥不想回家！住在糖果屋，還有哪個孩子想回家呢？

少年終於放下心，痛快享用眼前的美食，並跟哥哥暢談這幾天的騷動——畢竟大家都在找小宏，還有各式各樣的謠言。兩兄弟不斷將東西往嘴裡塞，直到開始感到撐。

「呼，我吃不下了！」

小安放鬆的躺在地上，小宏卻說：「欸？還有很多好吃的，快點來吃啊。」

「真的吃不下了啦！我們一起下山嘛，媽媽的晚餐也很好吃啊。」

「你在說什麼，媽媽做的菜哪有這邊的東西好吃？喂，這個紅豆麵包超好吃的，你快吃。」小宏也不等小安回應，一隻手捏住小安臉頰，甚至捏到痛，強行張開小安的嘴巴，將紅豆麵包塞進去。

食物不是這樣吃的。嘴裡被硬塞了東西，只會想吐而已。但小宏把整隻手摀在小安的嘴巴上，小安吐不出來，只好勉強慢慢嚼碎紅豆麵包，雖然真的超級好吃，但被塞東西還是很痛苦啊！他吞下麵包後，立刻開口抱怨，誰知張開嘴巴的瞬間，小宏又塞了什麼東西進去，這次他連那是什麼都不說，只說：「來，很好吃喔，快吃吧，全部吃下去。」

哥哥是怎麼回事？怎麼表情突然變得這般凶狠？小安想要掙扎，但力氣完全不是哥哥的對手，他只能被迫吞下這些不知道是什麼的食物，而且沒有結束的時候，吞下一個又會被塞進一個……

＊　＊　＊

「對了，隔壁家的小宏跟小安還好吧？」

「聽說沒事，現在好像還在醫院裡，沒死。」

小宏與小安的遭遇，已成了街頭巷尾的流行話題。

「幸好他們平安回來了！真是菩薩保佑。欸，你知道嗎？聽說發現他們的時

候，他們嘴裡塞滿了雜草吔！」

「知道啊！聽說兩人手握著手，嘴裡都是草，但已經好幾天沒吃真正的食物，營養失調，尤其是小宏，要是晚一天，說不定就會死了！可憐的孩子，一定是餓昏了才吃草吧？」

「才不是！你不知道嗎？他們一定是遇到魔神仔了。魔神仔會請那些帶走的人吃大餐，但其實都是幻覺，是雜草、昆蟲，或是牛大便。」

「呸呸呸，人好不容易回來了，別說這些不吉利的東西。」

「有什麼關係，人回來了，那是城隍爺保佑啊！人應該不會再失蹤了。」

「就跟你說不要講這種話了！如果真的是魔神仔……多可怕啊！要是又有人被帶走怎麼辦？」

「到時再拜託城隍爺就好了嘛！說到這個……你知道小安學校裡有位老師行蹤不明嗎？」

「有這回事？該不會……」

「說不定喔！說不定就是魔神仔帶走了，哈哈哈哈哈……」

魔神仔是臺灣最為人所知的鬼怪之一。單就「魔神仔」三個字而言，有時指某種特定的鬼怪，有時則泛指所有的「歹物仔」，這裡指的是前者。

如果有小孩或老人神祕失蹤，就會認為可能是魔神仔抓走的，這種鬼怪通常出現在山間，但也有從城鎮將人帶走的紀錄；它們會製造幻覺，變成無害的人類樣貌，把人帶到其他地方，通常是很難抵達的地方，例如穿過湍急的河流，爬到很高的樹上，或將人困在刺竹林之中。

魔神仔帶走的人，有時候口中會塞滿雜草、昆蟲、牛糞之類的穢物，據本人說，是別人請他吃大餐，如雞腿之類的，這類型的幻覺可說是魔神仔的典型特徵。

另外有一種情況，魔神仔帶走後，就算回來，也會因為受到太大刺

激而喪失神智，或變得不能說話。也有些魔神仔帶走的人，因為一直沒被發現，最後在山裡飢餓而死。可以說，魔神仔的作祟並沒有強烈的惡意，甚至只是一種幻覺欺騙的惡作劇，結果卻足以致命。過去人們遇上神祕失蹤，找不到人，會懷疑是魔神仔牽走，這時多半會去廟裡求神問卜，請求神明指示到哪裡找人，也會放鞭炮、敲鑼打鼓，這些都是傳統習俗中將人們從魔神仔手中救回來的對策。

「魔神仔」這種稱呼，同樣也流傳於中國福建，但要是論及「把人帶到遠方，並讓人看到幻覺，吃下東西」的惡作劇魔法，在臺灣原住民中也流傳著類似傳說，如「沙勞」、「拉里美那」等等，事實上，這種古怪的傳說流傳地帶甚廣，琉球也有類似的鬼怪。香港流傳的「西貢結界」傳說，雖然不是鬼怪作祟的形式，但當事人的遭遇也與遇到魔神仔有些雷同。可以說，在山上遇到不可思議的怪事，或許是人類文明共通的記憶。

日月潭的長髮人魚
達克拉哈

陽光晴好，廣袤的日月潭上行駛著往來的渡輪。趁著暑假尾聲，觀光客湧入日月潭，但一向熱鬧的伊達邵商圈卻格外安靜，原來正在舉辦祭儀。

封起的馬路上，紅色的桌子放著用麻糬做的白鰻，在紅色桌子旁是一位頭戴花環、身穿邵族傳統服飾的婦女，她拿起白鰻對天高歌。

這日是農曆七月初三，邵族的拜鰻祭。

婦女名叫奇拉，是族裡最德高望重的先生媽（主持邵族祭儀的祭師，與祖靈溝通的媒介），在祭典中帶領兩位先生媽主持儀式，在儀式告一段落後，奇拉漫步到潭邊休息，看著夕陽餘暉下的潭中大石頭，她想起一位朋友——當她還是小女孩時的友人。

奇拉依稀記得，她七歲那年的拜鰻祭前夕，日本人才正要開始日月潭水力發電計畫，那時日月潭的樣貌與現在大不相同。

那天，她的父親和部落的族人聚集在頭目家，面色凝重的低語。奇拉依稀聽見他們說拜鰻祭要到了，但漁獵短缺，沒有適合的鰻魚可供祭祀。

這樣嚴肅的氛圍中，孩子們待不住，趁大人不注意偷偷從前門溜走。奇拉也想

走，她悄悄看了父親努瑪一眼，努瑪專注的在跟頭目談話，沒有留意到她。奇拉便跟著其他孩子一起走了。

孩子們奔向潭邊，踏踏水、撿蛤仔，這是大人平時禁止的活動。長輩常跟他們說：「潭裡有水鬼，不要靠近會被抓走。」

奇拉在潭邊沒看過水鬼，她只看過一頭烏黑長髮、上面有一對彎角的精靈，叫作「達克拉哈」。

奇拉獨自走到潭邊的大石頭，達克拉哈常待在上面晒太陽，這天也不例外。

「達克拉哈！」

大石上一個身影轉過來，長長的烏黑頭髮像絲線一樣纏繞住目光，奇拉不由自主的被牽引，想靠得更近。

「你們族裡今天不是有聚會嗎？」達克拉哈停下手上的工作，看著朝他走來的奇拉。

「對啊，但我不喜歡看他們苦惱的樣子，所以就溜出來找你玩啦。」奇拉走到達克拉哈旁邊，撿起他剛放下的東西詢問：「這是什麼？」

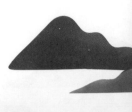

達克拉哈有些驚訝的看著奇拉，「妳不知道？這是妳的族人用來抓鰻魚的漁具。」

奇拉看過，她的父親勇士努瑪常用來捕鰻魚，但奇拉沒看過被破壞得這麼徹底的漁具。

「你知道我們今天在討論什麼嗎？」奇拉問，達克拉哈搖搖頭。

「拜鰻祭要到了，但是沒有鰻魚可以供奉給祖靈。」奇拉指著達克拉哈身邊被破壞的漁具，問達克拉哈：「你為什麼要這麼做？」

「妳生氣了？」達克拉哈似笑非笑的搖頭。「該生氣的是我吧。」奇拉訝異的望著達克拉哈。

「妳知道妳的族人不只捕大鰻魚，連剛出生的小魚小蝦也不放過，這樣下去，日月潭的水中生物就要滅絕了！」

奇拉看著被破壞的漁具，不知所措的低下頭，「對不起，達克拉哈，我什麼都不知道……」

「人類總是這樣，總是要到不可收拾的地步，才會知道自己做的事有多愚味。」達克拉哈若有所思的望著日月潭。「但至少有人醒悟過來就好。」

奇拉握住達克拉哈的手說：「我回去會跟族人說，相信他們會懂的。」

「但願……」達克拉哈看著奇拉從黯淡到發亮的眼睛，充滿真摯的期盼。

奇拉和達克拉哈道別後，一刻都不敢停下，飛快的跑回頭目家，她知道解決的方法了，族人們就不會再苦惱，達克拉哈也不會再對他們失望。

當奇拉氣喘吁吁的跑進頭目家中，一室的族人幾乎都解散了。

奇怪的是父親努瑪也不見了，通常父親都會等她一起回家的。

頭目看著奇拉慌忙的樣子，便對她說族人聚會後，她父親就到潭邊，要查看漁具的狀況。

奇拉道謝後，迅速跑到潭邊，這時天色已暗。潭邊升起淡淡白霧，一切看得不是很清楚。潭邊空無一人，遠處的鳥鳴更添詭譎氣氛，奇拉按下內心的不安與慌亂，兩手放到嘴邊，大聲呼喊父親的名字。

空蕩蕩的日月潭，一片寂靜。只有水拍打在岸上的聲音，和奇拉毫無回應的呼喊，奇拉根據記憶中父親捕鰻的地點，一一前往，但都找不到他的身影。

已經疲憊的她，不知不覺走到稍早看見達克拉哈的大石頭附近，發現不自然激起的水花，像是有人在打鬥一樣。

一點一點不安的猜測湧上心頭，形成強烈的預感，那可能是父親。

奇拉深吸一口氣，潛入水底。水底很混濁，奇拉看不清楚前方，但她憑著印象潛到漁具附近，感覺到一連串升起的泡沫。

她看見那頭烏亮有力的長髮，正纏在父親努瑪的脖頸上，那一連串的泡沫是從父親口中吐出的氣。

奇拉飛快的游向父親，掏出隨身攜帶的小刀想砍斷長髮。

等她游近，舉起小刀時，看見了烏黑長髮下的彎角以及那張熟悉的臉孔。

「達克拉哈……」奇拉愣在原地，達克拉哈也停下動作看著她。

「這是我爸爸！」奇拉無法開口說話，她用動作努力表達，拉住達克拉哈的手哀求他。

達克拉哈停止攻擊，奇拉攙著父親游向水面。

到了水面，奇拉才看見達克拉哈身上的傷痕，父親也攻擊了達克拉哈。

「父親，達克拉哈破壞漁具，是因為潭中的魚蝦快被我們捕光了，祖靈也不會希望這樣！」

努瑪看著奇拉，又看向達克拉哈。

「我們族人的本意，也不是要滅絕日月潭的魚蝦。」

達克拉哈看向努瑪，「那就放棄使用漁具吧，我教你們適度捕鰻魚的方法。」

努瑪點點頭，和奇拉游向岸邊。

奇拉記得那年的拜鰻祭，為祖靈獻上了豐滿的鰻魚，族人也學會了製作浮嶼（具有通氣組織的水生植物構成的浮體），讓小魚蝦能生存的方法。

* * *

現今的日月潭已與七歲那年不同，日月潭水力發電工程完工後，日月潭水位上升了約十八公尺，淹沒了許多奇拉幼年記憶中的地方，也淹沒達克拉哈歇息的大石頭。

現在隨處可見從全臺灣，甚至是世界各地來的觀光客，潭面也浮現熙熙攘攘的遊湖船隻。

拜鰻祭也從以前用活鰻來祭祀祖靈，而今則是用麻糬做成的白鰻。現在已經捕不到那樣豐滿的鰻魚了。

已經長大成人的奇拉在心裡悄悄說：「達克拉哈，可能是我長大了，再也看不到你。雖然見不到面，但希望你能像從前一樣，守護著日月潭的生物，守護這一潭的生命。」

奇拉站起身，將儀式結束後族人贈與的白鰻尾巴留在某塊石頭上。對著石頭揮了揮手，踏上了她的歸途。

達克拉哈（Takrahaz）在邵族的語言指的是水中精靈。在邵族口述傳說中，長老阿松說道，族人認為日月潭中有鬼，潭是水鬼管理的，水鬼頭髮很長，有人到水中就會被鬼用長髮纏住抓走。

在《臺灣先住民腳印》一書中，也有寫到日月潭長髮人魚的傳說。小時候在潭邊撿蛤仔，長輩都會警告離潭邊遠一點，在石印社的大石頭上，太陽出來時有一種人面魚，坐在石頭上晒太陽，人面魚頭髮很長，身體是魚，卻有女人的頭和臉，孩子們都很怕，不敢去石印社的大石頭，只敢遠遠看。

從上述兩個關於達克拉哈的傳說可以發現，邵族對達克拉哈又敬又畏。在各傳說中，達克拉哈都被視為與日月潭共生，是管理、守護日月潭的角色。而對於達克拉哈的外觀描述有不同的說法，共同點都是長髮，而這頭長髮是攻擊武器。人們對於達克拉哈的態度，有畏懼也有感謝。邵族人晚上坐獨木舟，一定會帶小刀和魚叉，一遇到水鬼就可以反擊。

但也有記載，達克拉哈教邵族人製作水上浮嶼，放置土壤種植水草，讓魚蝦在浮嶼下方產卵繁衍，魚蝦生態再次豐富起來。

一九三〇年代日治時期，日本人在日月潭建造水力發電工程，使得日月潭水位升高了十八公尺，一些遺跡因而淹沒。在今日現代化的日月潭，關於邵族的逐鹿、達克拉哈傳說已成為歷史，但如果到日月潭的時候，不妨到石印社看看，在陽光燦爛的日子裡，也許能看見達克拉哈出來晒太陽的蹤跡。

無緣的孩子

嬰靈

小鈴已經在廟門之間進進出出好幾次了。先進廟裡，拜拜地藏菩薩，再假裝沒事的走出門。接著再進來第二次，這次買了金紙，抽了籤，擲了筊，得出籤詩後又去解籤處解籤，差不多把拜拜的完整流程都走了一輪。但是小鈴的心還沒有安，她跨出廟門後，在附近的超商買了一杯果汁，又想到可能應該準備個供品給神明，又買了一盒糕餅進來。她剛踏進廟裡，就被叫住了。

「小姐，妳放心，地藏菩薩很靈的啦！」

說話的是一位約莫五十歲左右的大哥。他站在詢問處的櫃檯後，披著地藏菩薩廟的背心，應該是廟裡的管理人員。

「我在門口這裡，看妳來來回回好幾次了。有什麼大煩惱要這樣拜好幾次？」

「咦，為什麼這麼說……」

「唔……總覺得心沒有安……」

小鈴來廟裡時，原本覺得只要拜了，心中的那股愧疚感大概就會消失吧？但事實上，她沒有因為拜拜而感到心安。明明是地藏菩薩廟這麼古老又香火鼎盛的廟，明明是這樣慈祥的地藏菩薩，她還是覺得，心中的那股疑慮並未消除。

「小姐妳如果有什麼需要，廟這邊可以幫妳。看妳是要安太歲、問神，還是遇上『歹物仔』，抑或是要化解跟冤親債主的孽緣，這邊都可以幫妳。」廟方大哥說著，指指身後的板子，這些服務項目都印在上面了。小鈴順著大哥所指的方向看去，視線停在其中一欄服務項目上。

「這裡也有……供養嬰靈嗎？」

小鈴說那句話時，眼神盯著廟方大哥。她怕他聽到後，會用奇怪的眼神打量她，或是問她：「小姐，是妳要供養嬰靈嗎？」無論是哪一種反應，她都會難以招架。但是廟方大哥沒有多說什麼，只是拿了一張粉紅色的單子給小鈴。小鈴愣愣的接過單子，看著流程表。

「這樣做就夠了嗎？這樣做，就能夠補償它嗎？」

小鈴是在拿掉孩子的一週以後，開始做惡夢的。

夢中，小鈴在醫院裡發狂的跑著。跑的時候，她也不是很清楚自己想逃離什麼，直到跑到路的盡頭，她轉身，才發現身後追著她的，是一個眼神空洞的嬰兒。嬰兒逼近她問：「媽媽，妳為什麼要丟下我？」

小鈴從夢中驚醒，全身冒著冷汗。她曾經想過要不要告訴男友阿新，後來還是決定不要讓還在當兵的他擔心。就算他知道了，又能說什麼呢？在此之後，小鈴常常做類似的夢。比如夢到她是一名產婦，生產完，接下護士送來的新生兒之後，把嬰兒的臉轉正，卻發現嬰兒已經死了。這樣的夢很多，多到小鈴開始懷疑起自己的決定。

小鈴和男友阿新是班對，從大學就開始同居。今年兩人大學畢業，阿新去當兵，小鈴找到了夢寐以求的工作，卻在找到工作後不久，發現自己懷孕了。小鈴和阿新有結婚的打算，只是依她原本的安排，她想要先專心工作到三十歲，等一切上軌道之後，再結婚生小孩。如果有了孩子，小鈴必須費心神照顧孩子，有可能影響到新工作。小鈴打電話和阿新商量以後，決定去進行人工流產。由於發現的時間早，應對方式較為簡便，小鈴只是吃了個藥，過幾天，便有血從下腹排出。

她原以為這樣就結束了。沒想到卻開始做夢。

對於這些夢，小鈴心中一直有個疑問。她拿掉的胎兒不是剛足月不久嗎？為什麼夢裡出現的，總是已經出生的模樣呢？

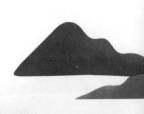

小鈴猜想，她遇到的可能是傳說中的「嬰靈」，因此上網查了查。

「嬰靈等了好幾世才來投胎，妳卻奪走它的機會。」

「無法投胎的嬰靈會在人世間遊蕩，受孤魂野鬼的欺負。」

「墮胎的人，是貪圖一時的歡愉，沒有想到嚴重後果，是最不值得同情的殺人者。」

「被殺死的胎兒會懷抱怨念，導致家庭不和，身體虛弱。」

小鈴得到了這樣的描述，她開始覺得嚴重了，但是一切已經來不及。走在路上，她都感覺自己是有罪之身，和其他乾淨無罪的女性不一樣。從小到大，她都遵循著周遭人的期待，也是因此才想要在工作上有一番成就。為什麼期待與期待之間，會產生衝突呢？她只想活得無愧於心啊。

她聽說「供養嬰靈」可以消除災厄，但是她也聽說，有神棍以供養嬰靈的名義欺騙少女，因此她猶豫很久之後，才決定到這間受理嬰靈業務的地藏菩薩廟看看。

＊　＊　＊

道士作法結束了。

「你這樣心安一些了嗎？」廟方大哥走過來問小鈴。

「嗯……這樣它就會得到供養了嗎？會滿足嗎？」小鈴低頭看著自己腳尖，她並不真的信，但如果供養可以消除不安，她願意這麼做。

「這個啊……我跟妳說明一下。」

「怎麼了？」

「我們廟裡提供的服務是渡化嬰靈。這跟妳說的『供養嬰靈』有點不大一樣。我知道有些廟或是神壇會主張要供養嬰靈，他們會幫嬰靈設一個牌位，說嬰靈怨氣很重，超渡一次是不夠的，要妳一直去拜。不過按照我們傳統的觀念，給它們牌位會讓它們無法輪迴，所以我們廟裡是用渡化的。我們今天幫妳做過了，如果妳覺得不安心，還可以再來。」

「重點應該不是我安不安心吧？有沒有效啊？」

廟方大哥看著小鈴，「妳安心就是有效啊！」

* * *

小鈴懷著滿腹懷疑回到家，阿新已經在她的住處了。

「我提早放假，就先來找妳。妳剛剛出門？」

「嗯，去辦個事。」

小鈴把鑰匙跟包裡的一些紙片隨手放在桌上。

「妳去拜拜？」阿新問。他注意到桌上的籤詩了。

「嗯。」

「為什麼去拜拜啊？」

「沒什麼。就工作上有點不順利。」阿新聽了之後，就轉身去做自己的事。小鈴看著他的背影，突然怨恨起他的置身事外。

「我問你喔，你都不會在意嗎？」

「在意什麼？」

「孩子。」

「什麼孩子？」

「……我們的孩子。」

小鈴的語氣有點冷，阿新這才注意到小鈴的異樣。

「原來如此，這就是為什麼妳會去拜拜嗎？」

「你都不在乎。難道就只有我一個人要承受嗎？」小鈴問，她這才發現自己有點激動。「你都不怕它來報復嗎？也是，反正你是男生你不怕。我怕啊。它一直來我的夢裡，但因為你在當兵，我就想不要跟你說……我今天去了廟裡，他們幫我超渡，我還是覺得好不起來……要是又繼續夢到，我要怎麼辦……」

阿新有點失措，俊朗的臉龐蒙上了一點陰影，他輕輕靠近，抱著小鈴，小鈴抗拒了一下，還是接受阿新的擁抱。

「我到底做錯了什麼……」

「妳沒有做錯。」阿新說。等小鈴的心情平復一點後，他把小鈴轉了個方向，讓小鈴面對鏡子。

「妳看到什麼？」

「我看到我平坦的肚子。」

「還有呢？」

「看到我沒能當媽媽的樣子……」

阿新苦笑，以溫柔的聲音說：「我看到的跟妳不一樣。我看到的是妳。我最喜歡的妳。」

小鈴感覺又甜蜜又苦澀。

「可是，可是我，我對孩子……」她說不出「殺」那個字，但她心裡想的就是，她殺了她的孩子。

「不是妳，是『我們』。我也一起做了決定。對不起，讓妳一個人承受了。」阿新愧疚的說。

小鈴覺得心中有塊地方被點亮了。儘管還有許多黑暗，至少這句話，讓她覺得踏實了一點。

「其實我並不想生小孩。」小鈴深吸了一口氣說。

「嗯。」

「我不是討厭小孩，只是，我想跟它在更好的時候相遇。只有當我準備好了，它也準備好了，我們成為母子才有意義。這樣一來，我不會手忙腳亂，也不會把人生的失敗遷怒給孩子。我可以耐心的照顧孩子，這樣對我們都好……我是這樣想的。這應該是我對人生負責的方式吧？但是為什麼我害怕呢？我怕嬰靈，也怕別人用異樣的眼光看我……」

阿新把小鈴抱得更緊了。

「我覺得妳很勇敢。不管他們怎麼想，我的想法都不會改變。我覺得妳沒有錯。」

阿新太過肉麻，小鈴輕輕打了阿新一下。她心中的光更強了一點。她想，要是今晚嬰靈再出現的話，她終於有勇氣可以直視它，對它說：

「對不起，但是我不會後悔。」

【妖怪事件簿】

一九九三年，一名自稱有陰陽眼的鄭姓男子落網，原因是利用嬰靈信仰對六名女性騙財騙色，得手已達八十九萬多元。有沒有人實際因為嬰靈報復而受害，我們並不知道。但是有人因為「對嬰靈的恐懼」而受害，卻是毫無疑問的。

臺灣的嬰靈信仰興起於一九八〇年代中期，學者認為與一九八五年《優生保健法》的實施脫不了關係。由於《優生保健法》開放婦女可以基於「心理健康」而墮胎，因此引起了社會對於「墮胎」的焦慮。有些商人利用這種焦慮，開始推廣「嬰靈供養」：如果有人因為墮胎而感到愧疚，擔心遭到嬰靈報復，那麼她可以透過「嬰靈供養」來消除這種不安。

這代表當社會在前進時，同時也存在一種擔憂社會「過於開放」的保守心理。這些反對墮胎、支持「嬰靈」說法的勢力會說：「現在社會性觀念太過開放」、「未婚媽媽很多」、「因為現代墮胎容易，所以導致很多不負責任的情侶墮胎」。但是很多墮胎的情境，並不一定是像他們所說的那般罪惡。保守勢力透過把嬰靈勾勒成可怕的妖怪，來恐嚇墮胎者，尤其是墮胎的女性。

但嬰靈真的這麼可怕嗎？

它只是相當年輕的妖怪，在臺灣不過只有三、四十年的歷史。四十年前的臺灣，實際上並沒有「嬰靈」的說法。生於當代的你，當然不必害怕嬰靈。

引人墜崖的
黃衣小飛俠

太陽這麼大，阿樂卻冷得要死。他把脖子縮進羽絨衣，兩手用力搓著身體，想用戲劇化、誇張的動作引起別人注意，卻失敗了。

這裡的每棵樹都比公寓還高，他必須努力抬頭才能看到樹的頂端。陽光穿過樹與樹的空隙，就像垂下來的冰柱，乾淨、澄澈而甜美，一切都這麼新奇。

但阿樂開心不起來。因為他爬了四、五個小時的山路，心不甘情不願，而且在他鬧脾氣停下幾次後，爸媽終於開始吵架了。

「就跟你說不要帶阿樂來，這樣我們什麼時候才能到排雲山莊？」

「唉唷，小孩子就是要多運動！」

「他籃球都打到九點、十點，還不夠？」

「那跟爬山不一樣。」

「也不用來爬玉山啊！要是出事怎麼辦？他還小吔！」

「他都國三了，沒問題啦！」

阿樂確實很不滿。本來只有爸媽要來，但爸不知道哪根筋不對，忽然說要帶他上山鍛鍊體魄，不能留他一人看家。拜託！都國三了，看家很難嗎？

看著爸媽吵架，他有些悶，但自己是爭吵的中心，也沒資格叫爸媽別吵。忽然雲以不可思議的速度湧來，景色瞬間變了，色彩、溫度，一切的一切翻轉過來，猛烈到令阿樂以為山神生氣了。

「好了啦！妳看天氣變了，再不快點不行，要吵等到了排雲山莊再吵。」爸爸說。

媽媽還是滿肚子牢騷，但她也知道變臉的山是很可怕的，便拉起阿樂的手，「走吧，阿樂。還可以嗎？」

「嗯。」阿樂小小不情願的應聲。都國三了，他可不喜歡被媽媽牽著，又不是小朋友。他們就這樣往山上去，身形越來越渺小，就像螞蟻一樣，轉眼就被雲霧吞沒。

山就是這樣的地方。前一刻還很美，但不留神就會迷失其中，忘了回到山下的道路……

* * *

排雲山莊是玉山上供登山客住宿的屋舍，跟旅館差不多，但不能洗澡；在這麼冷的地方洗澡，身體溫度會快速流失。晚餐也只有最簡陋的菜色，完全比不上阿樂以往住過的任何一間旅館。

「好難吃……」

「不能浪費。」媽媽叮嚀，「山下的東西很難運到這裡，當然沒辦法做出山下那樣好吃的東西，你要習慣。」

「是啊，身為男人就是要懂得吃苦！」爸爸居然跟媽媽一鼻孔出氣，彷彿忘了進排雲山莊前的爭吵。本來阿樂還因為害他們吵架有些不安，現在不但煙消雲散，還重新想起自己根本不想來這種地方；可惡，東西更難吃了啦！

「我要回房間玩遊戲了！」

阿樂氣沖沖的跑回房間。爸媽光顧著跟別的登山客聊天，連自己不爽也沒注意到，那到底帶自己來做什麼？他悶著頭玩遊戲，卻運氣不好連連失誤，差點氣到把手機摔在地上。

當然不行啦，手機是爸媽買給他的，要是真摔出去，絕對會被罵慘，還不見得

有新手機可以用。阿樂悶悶不樂，把手機丟在床上，默默走出房間。他忽然想尿尿。

說起來，廁所在哪裡？

他在二樓到處亂逛，總算找到廁所。小便過後有種解放的感覺，但高山的寒冷讓他毛毛的，也不知道是冷到汗毛直豎，還是真有些不對勁的東西。他緊張的走出廁所——

「哇！」

他跟一個男孩子撞個滿懷。

「你沒事吧？」阿樂連忙拉起被他撞倒的孩子。男孩子跟他年紀相當，但瘦弱許多，至少不如阿樂這個籃球健將。這麼瘦弱的孩子也能來到排雲山莊啊？阿樂想。

「沒事……謝謝你。」男孩子很有禮貌。阿樂想起來了，剛剛吃飯時有看到這個人，他滿臉無聊的樣子，顯然也是被爸媽晾在一旁。阿樂問：「你爸媽呢？也是在跟其他山友聊天嗎？」

「對啊。」男孩子一臉無奈。

「我也是！」阿樂氣憤的說：「真不知道為何要帶我上山，根本一點都不好玩！」

「我也覺得，為什麼要帶小孩上山啊！瘋了嗎？」男孩子大感認同。他本來有些靦腆，但聽到阿樂的話也義憤填膺，阿樂大喜，覺得這段期間與其玩手機遊戲，還不如跟這名少年玩。

少年說自己叫「阿勝」，也是萬般無奈被父母帶上來的，而且他好像比阿樂還慘，父母帶他出去總像是在現寶，介紹完、讓對方讚美完，接著就把他丟在一旁。

「為何你爸媽要帶你現寶啊？你很厲害嗎？」

「我數學很好，有參加一些競賽啦……會上玉山是因為我爸有個客戶很愛登山，邀我爸一起去。太離譜了，連這種情況都要帶我現寶，真想逃走。」

「啊，我也是，這裡未免太無聊了！」

「對啊！還沒什麼網路，發ＩＧ都不行。」

兩個孩子越聊越開心，但他們沒注意到夜晚的山風越來越強，連窗戶都開始顫抖；忽然「砰！」的一聲，有什麼東西砸在窗戶上，害他們嚇了一跳。

「什……什麼東西啊？」阿樂走向窗邊。

「是風嗎？」阿勝問。

「好像是，窗戶沒破。」阿樂說。他順勢往外面看，卻注意到奇怪的景象。

風確實很大，深夜的山上什麼都看不到，只能透過星光看到樹的影子在風中狂舞。但有棵樹後面竟發出亮光，仔細看，是穿著鮮黃色雨衣的人，手裡拿著手電筒照向天空，斷斷續續的，像在打什麼信號。

「那誰啊？」

「你看到什麼？」阿勝不敢接近窗戶。

「有個穿黃色雨衣的人站在外面。現在外面應該很冷吧！為什麼不進來？我去叫他好了。」

「等一下！」阿勝忽然大聲阻止他，「那可能……可能是黃衣小飛俠。」

「黃衣小飛俠？那是什麼？」阿樂見阿勝這麼緊張，也被感染了恐懼。

「他們不是人類……阿樂，聽好了，絕對絕對不要接近穿著黃色雨衣的人，會被帶走的，然後你就回不來了。」阿勝對他耳提面命。

「不要說這種嚇人的話啦！」阿勝勉強自己挺起胸膛，心裡卻很害怕，怎樣都不敢去外面找那個人了。

＊　＊　＊

「欸，爸，黃衣小飛俠是什麼啊？」當天晚上，阿樂這麼問。

「什麼？你都到排雲山莊了，沒聽過黃衣小飛俠？」

「是你帶我來的，我哪知啊！」阿樂又不高興了。

「是某種山精鬼怪啦。」媽媽邊整理盥洗用具邊說：「據說以前有人登玉山迷路，遇到三個穿著黃色小飛俠雨衣的人，就問他們怎麼下山。三個人說可以帶他下山，卻越走越偏僻，那個人感到奇怪，問這條路真的正確嗎？三個人一起回頭，結果他們居然沒有臉。」

阿樂有些毛骨悚然。晚上看見的那個人就是黃衣小飛俠嗎？因為距離很遠，他確實沒看到對方的臉……

「哈哈哈，沒錯，」爸爸像是發現什麼有趣話題，「我也聽說過跟著黃衣小飛

俠走，結果差點掉下懸崖。還有人想請黃衣小飛俠拍照，靠近後才發現沒有臉。」

「以前在登山社團聽過很多他們的傳說呢，現在沒人會穿黃色雨衣上玉山了，就怕引起誤會。」媽媽像在懷念。

「阿樂，為什麼問這個啊？」

「今天晚上，我在二樓窗戶看到外面站著穿黃色雨衣的人，是剛認識的朋友跟我說黃衣小飛俠的故事。」

阿樂爸媽有些驚訝。

「不會吧，現在應該沒人會穿黃色雨衣了啊！」

「該不會是登山新手，不知道這傳說？」

「新手會這麼晚在外面嗎……？」

兩人的討論讓阿樂更害怕了，他看到的到底是什麼？真的是那種山精嗎？為什麼山精要半夜站在外面？

＊　＊　＊

隔天他們繼續登山，但中午後天氣變得很糟，爸爸判斷強行登山會有危險，只好折返排雲山莊；就在阿樂一家在交誼廳泡熱茶暖身體時，其他隊伍也陸陸續續回到排雲山莊。

外頭雨越來越大了，還隱隱有著雷聲，眼見就要變成狂風暴雨，阿樂不禁擔心是不是明天也無法下山。

「別擔心，這樣的雨下不到明天的。明天我們一定可以下山！」爸爸篤定的說，但也可能只是撐場面。阿樂玩著手機，心想晚餐前大概只能悶在山莊裡了，既然如此，還不如去找阿勝。

「爸，我去找我昨天認識的朋友……」

這時，山莊外忽然傳來巨大聲響，聽來有點像空襲警報，但又不大一樣，好像更尖銳；交誼廳裡的人都被嚇到跳起來，不明白發生了什麼事。

「糟了！」忽然一個人跳出來大喊，阿樂知道他，爸爸說他是很有經驗的領隊。領隊用壓過警報聲的音量說：「各位，請快點清點人數，看有沒有人不在！」

「怎麼回事？」大家七嘴八舌的問。

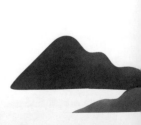

「是黃衣小飛俠！我等一下再解釋，大家先清點人數！」

各個登山隊伍開始清點，阿樂不安的坐在椅子上，心想阿勝呢？他們在山上，還是已經回到山莊了？擔心朋友的阿樂坐不住了。

「爸，媽，我去找朋友，他們可能不知道黃衣小飛俠出現了！」

「咦？什麼朋友？」

「等一下再解釋！」

阿樂說完就溜上二樓，來到昨天阿勝說的房間用力敲門。

「阿勝！你在嗎？你聽到警報了嗎？」

門內沒有回應。這下阿樂更擔心了，這是不是表示他們一家還在山上，沒有回到山莊？要是他們遇到黃衣小飛俠怎麼辦？不，既然阿勝知道不能跟著黃衣小飛俠走，那應該不會有事吧？

不用擔心，沒什麼好怕的。阿樂自我安慰著，準備走回一樓交誼廳。這時，他經過樓梯間，忽然瞥見三樓有個影子。他抬起頭。

「阿勝！」

阿樂驚訝到說不出話。阿勝站在樓梯上，用某種冰冷的眼神看著他。這時外頭劈下一道閃電，照亮了樓梯間，也照亮阿勝身上的衣服。

阿勝穿著黃色雨衣。明明在室內，卻穿著雨衣。

阿樂渾身起了雞皮疙瘩。

「阿樂，你呆站著做什麼，還記得我跟你說的嗎？」阿勝邊下樓梯邊說：「我明明警告過你，絕對不要接近穿著黃色雨衣的人，但你居然不逃跑……」

阿樂嚇壞了，他站在原地，動彈不得。

阿勝緩緩經過他身邊，來到窗邊。

「……算了。你要平安下山喔，不要像我一樣，從此就留在山上了。」阿勝回過頭，忽然變回溫和的表情，就像昨天那個阿勝。穿著黃色雨衣的他朝牆壁踏出一步，像變魔術般穿牆而出。

「阿勝！」

阿樂連忙跑到窗邊。這時，窗外的景象他一輩子都忘不了。大雨中，排雲山莊外竟站著五十幾個穿黃色雨衣的人！電光照在他們身上，但他們沒被驚動，全都用悽慘蒼白的微笑看著二樓的阿樂。

警報聲終於停止。

黃衣小飛俠們也在電光中消失，就像幻影。

* * *

後來阿樂才知道，登山隊真的有人脫隊了。

那人光顧著拍照，沒意識到隊友都不見了，也沒發現自己身陷險境。他在路旁見到穿著黃色雨衣的人，就向他們問路，遠遠看還是一般人，誰知走近一看，他們居然沒有臉！那人嚇得魂飛魄散，在暴雨的山上亂跑，幸好領隊帶著人衝進雨中找，不然那人恐怕會陳屍在玉山上吧。

至於阿勝的事，是阿樂爸爸在舊報紙上找到的。阿勝是數學天才，曾經參加過國際性數學比賽，因此他在玉山失蹤時還以「痛失英才」為題被報紙報導出來。

阿樂從此再也沒上過玉山。

黃衣小飛俠又被稱為黃色小飛俠、玉山小飛俠，這則傳說大概是一九八〇年代後才出現的。

據說爬玉山時，有時會遇見穿著黃色雨衣、頭戴斗笠的人（多半是三人一起出現），要是向他們問路，他們就會指點錯誤的路；要是跟著他們走，他們就會把人帶到懸崖邊；要是請他們幫忙拍照，會猛然發現他們沒有臉。

這則傳說最初只流傳在玉山，因此玉山的排雲山莊自然也有相應的故事。山友間流傳，據說某個下雨的夜晚，有幾個穿黃色雨衣、頭戴斗笠的人來到排雲山莊，雖然這麼晚才入住很不尋常，莊主還是讓他們進來了。誰知要拿湯招待他們時，不過是離開視線短短一段時間，三個人居然消失得無影無蹤。

甚至這傳說還有二十幾個人的版本——二十幾個穿黃色雨衣的人在

深夜來到排雲山莊，莊主不過進去拿個東西，出來人就不見了，甚至連剛剛雨衣上滴下來的水都不見蹤影。

黃衣小飛俠是像山魈那樣，其實是非人的精怪，只是化身為人，在山上迷惑人作祟嗎？但也有一種說法，認為黃衣小飛俠其實是遇到山難的人，在這個版本中，排雲山莊的莊主本就知道有三個人會入住，但人一直沒出現，直到深夜，莊主忽然聽到外面有哨子聲，到窗邊一看，只見三個穿黃色雨衣的人吹著哨子，拿著手電筒照路來到排雲山莊，莊主讓他們進來後，到裡面拿登記簿，但出來後人就不見了。隔天，莊主才知道他們在山上遇難了。

雖然不是黃衣小飛俠最常見的元素，但這個「哨子聲」的形象從此與某些版本的故事結合。有一則傳說，就是有登山客脫隊，結果排雲山莊那邊聽到巨大而持續的聲響，莊主懷疑是黃衣小飛俠出現，連忙讓大家清點人數，才發現有人失蹤，這個奇怪聲響應該就是哨子聲衍生出來的變體。

參考書目

掀人被子的三消

●伊能嘉矩，〈臺灣通信（第十五回）〉，《東京人類學會雜誌》，第一百三十三號（一八九七年）●袁枚，《子不語》（清代）

住在地底的有尾人——伊庫倫

●胡晏涵，《臺灣原住民族奇人異域神話》，國立中興大學中國文學系碩士學位論文（二〇一〇年）●劉育玲，《臺灣原住民矮人傳說研究》，國立東華大學中國語文學系民間文學博士班博士論文（二〇一五年）

矮靈祭的由來——達隘的故事

●李壬癸，〈臺灣南島民族關於矮人的傳說〉，《中國神話與傳說學術研討會論文集》（一九九六年三月）●金榮華，《臺灣賽夏族民間故事》（中國口傳文學學會，二〇〇四年）

被獵首者的化身——無頭妖怪

●小島由道、河野喜六，《蕃族慣習調查報告書》（臺灣總督府臨時臺灣舊慣調查會，一九一八年）●佐山融吉，《蕃族調查報告書：曹族阿里山蕃、四社蕃、簡仔霧蕃》（臺灣總督府臨時臺灣舊慣調查會，一九二一年）●佐山融吉、大西吉壽，《生蕃傳說集》（杉田重藏書店，一九二三年）

悲劇的英雄——毒眼巴里

●陳孟君，〈排灣族 palji 傳說的敘事與流傳〉，《民族學研究所資料彙編》，第二十二期（二〇一二年三月）●《番族慣習調查報告書（第五卷）：排灣族・第一冊》（中央研究院民族學研究所，二〇〇〇年）

懶惰的巨人哈魯斯

●劉秀美，〈臺灣泰雅族巨人哈魯斯故事試論〉，《民間文學年刊》，第二期（二〇〇九年二月）●王人弘，〈紋面民族巨人故事流變與改編中的族群思維〉，《中國文化大學中文學報》，第三十五、三十六期合刊（二〇一八年六月）

使用黑巫術的番婆鬼

●鄭怡婷，《論當代平埔族群主體性的構成：以埔里噶哈巫為例》，國立暨南國際大學碩士學位論文（南投：國立暨南國際大學，二〇〇九年）●伊能嘉矩，〈埔里社的平埔蕃聚落〉，《東京人類學會雜誌》（一九〇九年）

擅長變身的長毛巨人——阿里嘎該

●《番族慣習調查報告書（第二卷）：阿美族、卑南族》（中央研究院民族學研究所，二〇〇〇年）

向負心漢報仇的林投姐

●片岡巖，《臺灣風俗誌》（臺灣日日新報社，一九二一年）●李献璋，《臺灣民間文學集》（臺灣文藝協會，一九三六年六月）●黃淑卿，《林投姐故事研究》，國立成功大學中國文學研究所碩士論文（二〇〇六年）

被嫂嫂虐待的椅仔姑

● 池田敏雄，〈椅子姑〉，《民俗臺灣》，第二號（東都書籍臺北支店，一九四一年） ● 片岡巖，《臺灣風俗誌》（臺灣日日新報社，一九二一年） ● 李献璋編，《臺灣民間文學集》（臺灣新文學社，一九三六年） ● 胡萬川，《彰化縣民間文學集（6）歌謠篇（三）》（彰化縣立文化中心，一九九六年） ● 胡萬川，《彰化縣民間文學集（10）歌謠篇（四）》（彰化縣立文化中心，一九九六年） ● 胡萬川，《彰化縣民間文學集（14）鹿港、二水、永靖區》（彰化縣立文化中心，一九九九年）

行船人的惡夢——娶尿婆

● 王大海，《海島逸志》（一七九一年） ● 塘翠生，〈海に關する臺灣の傳説（一）〉，《臺灣水產雜誌》（臺灣水產協會，一九二五年）

和天一樣高的長腿精靈——沙勞

● 臺灣總督府臨時臺灣舊慣調查會，中央研究院民族學研究所譯，《番族慣習調查報告書》（中央研究院民族學研究所，二〇〇〇年） ● 臺灣總督府臨時臺灣舊慣調查會，中央研究院民族學研究所譯，《蕃族調查報告書》（中央研究院民族學研究所，二〇一二年）

牽人失蹤的魔神仔

● 臺灣總督府臨時臺灣舊慣調查會，中央研究院民族學研究所譯，《番族慣習調查報告書》（中央研究院民族學研究所，二〇〇〇年）
● 片岡巖，《臺灣風俗誌》（臺灣日日新報社，一九二一年） ● 李家愷、林美容，《魔神仔的人類學想像》（五南文化，二〇一四年）

日月潭的長髮人魚——達克拉哈

● 陳奇祿、唐美君，《日月潭邵族調查報告》（臺北：南天書局，一九五八年）。 ● 洪英聖，〈日月潭長髮人魚傳説〉，《臺灣先住民腳印》（臺北：時報出版，一九九三年） ● 陳莉環，《邵族口傳故事研究》，國立中正大學碩士論文（嘉義，二〇〇四年） ● 鄧相楊，《逐鹿水沙連：日月潭魚姬的故事》（南投：日月潭國家風景區，二〇〇六年） ● 田哲益《邵族神話與傳説》（臺中：晨星出版社，二〇〇三年）

無緣的孩子——嬰靈

● 〈詭異嬰靈‧怵目驚心 超渡水子‧非道非佛〉，《聯合報》（一九八七年六月二日） ● 〈失業漢騙財色 六度得逞〉，《聯合報》（一九九三年十月三十日）
● Marc L. Moskowitz, The Haunting Fetus: Abortion, Sexuality, and the Spirit World in Taiwan. Honolulu: University of Hawai'i Press, 2001. ● 吳燕秋，〈西法東罰，罪及婦女：墮胎入罪及其對戰後臺灣婦女的影響〉，《近代中國婦女史研究》十八期，頁53-123（二〇一〇年十二月一日）

引人墜崖的黃衣小飛俠

● 劉川裕，《山魅》（地球書房，二〇〇四年）

各篇作者（姓名順序依筆畫排列）

長安（謝宜安）〈無緣的孩子——嬰靈〉 **林祉均**〈使用黑巫術的番婆鬼〉、〈日月潭的長髮人魚——達克拉哈〉 **青悠（許雅婷）**〈掀人被子的三消〉、〈被獵首者的化身——無頭妖怪〉、〈被嫂嫂虐待的椅仔姑〉 **高珮芸**〈向負心漢報仇的林投姐〉、〈行船人的惡夢——娶尿婆〉 **楊海彥**〈住在地底的有尾人——伊庫倫〉、〈矮靈祭的由來——達隘的故事〉、〈悲劇的英雄——毒眼巴里〉、〈懶惰的巨人哈魯斯〉、〈擅長變身的長毛巨人——阿里嘎該〉 **瀟湘神**〈和天一樣高的長腿精靈——沙勞〉、〈牽人失蹤的魔神仔〉、〈引人墜崖的黃衣小飛俠〉

故事館
給孩子的臺灣妖怪故事（下）
稀奇古怪妖怪鬧翻天！魔神與巨怪的奇異故事

作　　者　臺北地方異聞工作室
插　　畫　格紋上的茶漬（莊予瀞）
美術編排　黃鳳君
校　　對　呂佳真
主　　編　汪郁潔
責任編輯　蔡依帆

國際版權　吳玲緯
行　　銷　闕志勳　吳宇軒　余一霞
業　　務　李再星　李振東　陳美燕
總 編 輯　巫維珍
編輯總監　劉麗真
發 行 人　凃玉雲
出　　版　小麥田出版
10483 台北市中山區民生東路二段 141 號 5 樓
電話：(02)2500-7696
傳真：(02)2500-1967
發　　行　英屬蓋曼群島商家庭傳媒股份有限公司
城邦分公司
10483 台北市中山區民生東路二段 141 號 11 樓
網址：http://www.cite.com.tw
客服專線：(02)2500-7718 ｜ 2500-7719
24 小時傳真專線：(02)2500-1990 ｜ 2500-1991
服務時間：週一至週五 09:30-12:00 ｜ 13:30-17:00
劃撥帳號：19863813　　戶名：書虫股份有限公司
讀者服務信箱：service@readingclub.com.tw
香港發行所　城邦（香港）出版集團有限公司
香港灣仔駱克道 193 號東超商業中心 1 樓
電話：+852-2508-6231
傳真：+852-2578-9337
馬新發行所　城邦（馬新）出版集團 Cite(M) Sdn. Bhd
41-3, Jalan Radin Anum, Bandar Baru Sri Petaling,
57000 Kuala Lumpur, Malaysia.
電話：+6(03)-9056-3833
傳真：+6(03)-9057-6622
電郵：services@cite.my
麥田部落格　http:// ryefield.pixnet.net
印　　刷　漾格科技股份有限公司
初　　版　2021 年 9 月
初版二刷　2023 年 8 月
售　　價　299 元

ISBN 978-626-7000-08-3
EISBN 9786267000137 (EPUB)

國家圖書館出版品預行編目資料

給孩子的臺灣妖怪故事．下，稀奇古怪妖怪鬧翻天！魔神與巨怪的奇異故事 / 臺北地方異聞工作室作；格紋上的茶漬（莊予瀞）繪．-- 初版．-- 臺北市：小麥田出版：英屬蓋曼群島商家庭傳媒股份有限公司城邦分公司發行，2021.09
面；　公分．--（小麥田故事館）
ISBN 978-626-7000-08-3(平裝)
1. 妖怪 2. 通俗作品 3. 臺灣

298.6　　110011348